高等学校　　　　　　　教材

WANGQIU

WANGQIU

网　球

主　编　熊建设　卢丹旭

副主编　赵　冬　刘光锐

　　　　宋　琳　欧冬平

　　　　谢求彬　朱　康

审　稿　王海明

重庆大学出版社

图书在版编目（CIP）数据

网球 / 熊建设，卢丹旭主编. -- 重庆：重庆大学
出版社，2017.12
高等学校体育学类本科专业系列教材
ISBN 978-7-5689-0787-3

Ⅰ．①网… Ⅱ．①熊… ②卢… Ⅲ．①网球运动－高
等学校－教材 Ⅳ．①G845

中国版本图书馆CIP数据核字（2017）第203448号

网 球

主　编　熊建设　卢丹旭
策划编辑：唐启秀　贾　曼
责任编辑：李桂英　刘玥凤　　　版式设计：唐启秀
责任校对：刘志刚　　　　　　　责任印制：赵　晟

*

重庆大学出版社出版发行
出版人：易树平
社址：重庆市沙坪坝区大学城西路 21 号
邮编：401331
电话：（023）88617190　88617185（中小学）
传真：（023）88617186　88617166
网址：http://www.cqup.com.cn
邮箱：fxk@ cqup.com.cn（营销中心）
全国新华书店经销
重庆俊蒲印务有限公司印刷

*

开本：787mm×1092mm　1/16　印张：8.75　字数：186 千
2017 年 12 月第 1 版　　2017 年 12 月第 1 次印刷
ISBN 978-7-5689-0787-3　定价：28.00 元

高等学校体育学类
本科专业系列教材编委会

总主编：刘纯献　赵子建

委　员：（按姓氏笔画排序）

孔祥宁　王晨宇　王　跃　邓方华　冯　瑞　司红玉　申国卿

石　岩　刘　浩　阮　哲　严　翊　余道明　吴　健　张　戈

张秀丽　张　蕾　李　欣　杨　松　肖　涛　武桂新　洪国梁

赵广涛　陶　坚　黄延春　谢国臣　韩开成　韩爱芳　甄　洁

熊建设　翟向阳　蔺新茂

高等学校体育学类
本科专业系列教材审稿委员会

总主审：王崇喜　林克明

委　员：（按姓氏笔画排序）

王海民　冯炜权　石　岩　刘纯献　许瑞勋　张玉超

张　林　李杰凯　李金龙　杨　剑　娄晓民　袁文惠

梁月红　黄　聪　曾于久　童昭岗

本书编委会

主　编：熊建设　卢丹旭

副主编：赵　冬　刘光锐　宋　琳　欧冬平

　　　　谢求彬　朱　康

编　委：柯　于　周　阳　石　峰　李　俊

　　　　陈　娟　苏小钟　于征征　赵云鹏

　　　　荣　礴　胡建秋　谢　毅　刘现赟

　　　　牛涛涛　翟星辰

总　序

　　2016 年 8 月 26 日，全国卫生与健康大会通过的《健康中国 2030 规划纲要》体现了党和政府对人民群众健康权益和促进人全面发展的高度重视，反映了我国由体育大国向体育强国迈进的国家意志。"十三五"期间，全面建成小康社会为体育发展开辟了新空间，经济发展新常态和供给侧结构性改革也对体育发展提出了新要求，建设健康中国更是为体育发展提供了新机遇。然而，当前我国体育人才发展水平同体育事业的发展需求仍有差距，存在着体育人才总量相对不足、体育人才培养质量不高、各类体育人才发展不均衡、高层次创新型人才短缺等现象，还不能满足体育强国建设的需求，难以发挥体育人才在体育事业发展和体育强国建设中的基础性、战略性、决定性的作用。特别是在体育专业人才培养质量方面，受招生规模不断扩大、生源质量参差不齐等诸多因素的影响，培养质量并未达到预期的目标。究其体育教学本质原因，学校体育教学目标、教师、学生、内容、方法、过程、环境、评价等都难以免责，但是，作为教学内容的载体——教材质量的好坏无疑决定着人才培养质量的水平。尽管体育学科教育改革在不断深化推进，但教学内容方面的创新改革力度仍显不足。目前，体育学类本科专业的教材内容仍以传授知识为中心，教材编写一直存在高度抽象化、纯粹理论化、逻辑不清晰、结构混乱、叙述晦涩、实例奇缺的问题，充斥着抄袭来的公式和陈词滥调的顽疾。国际上最新的研究成果和理论较少能在教材中得到更新，缺乏内容丰富、结构合理、描述生动并有大量生动实例的教材。整体上，体育学类本科专业教材存在建设滞后、缺乏个性化、内容更新周期缓慢、编写水平不高和装印质量低下等问题。其导致的结果就是出现教师"教不会""教不清"和学生"学不会""用不上"的窘况，教学质量难以保证，提高教学质量更无从谈起。因此，如何紧跟经济社会的发展变化，编写出能反映体育学科专业的最新研究成果，更好地适应教法更新和学法创新，激发现代大学生的学习兴趣，在教材内容、逻辑结构和形式编排等方面不断彰显优秀经验传承与创新的教材将是编写者亟待关注的核心问题，也是提高教材编写水平和教学质量的重要保证。

　　"高等学校体育学类本科专业系列教材"是依据"健康第一"的教育理念和《高等学校体育学类本科专业类教学质量国家标准》（修订稿）（以下简称《标准》）规定的专业课程体系要求，由编委会组织多位资深任课教师尤其是优势和特色专业学科带头人、知名学者、教授，在具备深厚学术研究背景、长期教学实践和教材编撰研究经验的基础上，编写出的体现体育学科研究成果的高质量系列教材。按照《标准》规定的专业必修课课程要求，编写了专业类基础课程（体育学类本科专业均需开设的课程），包括"体育概论""运动解剖学""体育心理学""运动生理学""体育社会学""健康教育学""体育科学研究方法"7 门专业类基础课程。并按照专业方向课程开设采用 3+X 的模式要求，编写了"学校体育学""运动训练学""体育竞赛学""体育市场营销学""中国武术导论"等专业方向课程以及"运动生物化学""运动生物力学""体育管理学""乒乓球""排球""武术""体操""篮球""健美操""羽毛球"等模块选修课程。该系列教材既可以作为体育学类本科专业学生的教材使用，也可以作为各级各类体育教师和教练员的参考用书。

本系列教材的特色有以下几点：

一是力求体育学科理论知识阐述和论证适可而止，避免机械地叠加理论或过度地引用、借用观点。力争避免高度抽象化和纯理论化，使教学内容丰富，更加贴近现代体育专业本科生的学习兴趣需求，体现新课程体系下的新的课程内容，注重提高学生的实践能力，培养学生的创新能力。

二是立足于理论联系实际的观点，突出学以致用的目标。在编写体例上强化了篇、章、节之间的逻辑关系的清晰和结构的合理，在案例、材料的选择上更加突出新意。根据知识的脉络和授课的逻辑，设计了思考、讨论或动手探索、操作的环节，提升书稿的互动性。同时，根据篇幅及教学情况，以知识拓展、阅读和实践引导、趣味阅读等形式，适当增加拓展性知识，力争使教师"教得会""教得清"，学生"学得懂""用得上"。

三是力求做到简洁、明晰。在大纲设计、内容取舍上，坚持逻辑清晰、行文简洁，注意填补新兴学科、交叉学科等教材的空白以及相关教材体系的配套，避免大而全、面面俱到的写作，力图使教材具有基础性、实用性、可读性以及可教性，最大限度地避免言不切实，空泛议论的素材堆积。

本系列教材编委均是各个专业研究领域的专家，大都具有博士学位，对各自的研究领域非常熟悉，他们所撰写的内容均是各自潜心研究的成果，有很深的研究与很高的学术造诣。如何编写好体育学类本科专业学生系列教材，全体编写人员在科学性、实用性、可读性、针对性和先进性方面做了初步尝试。但由于编写时间仓促，交流和讨论得不够，不足之处在所难免，欢迎读者不吝赐教与批评指正，修订时将作进一步充实与完善。

虽然编委会按照《标准》的要求，有规划地对系列教材进行组织、开发和编写，但由于对教材质量和水平的高规格要求，一部分重要的课程并未被列入此次教材编写的名目，编委会将在后续编写中逐步增补。

本系列教材的编写，得到了重庆大学出版社领导的大力支持与帮助。同时，全国高等学校体育教学指导委员会技术学科组原副组长王崇喜教授，全国高等学校体育教学指导委员会委员、河南省高校体协主席林克明教授等专家也给予了许多的鼓励、建议与指导，编写时参考了诸多专家、学者的前沿研究成果，在此一并表示衷心的感谢！

高等学校体育学类本科专业系列教材编委会

2016 年 10 月

前　言

随着我国社会的进步和政治、经济、文化的不断发展，越来越多的人开始重视并参与体育运动。网球运动被誉为世界上第二大球类运动，也是世界上四大绅士运动之一，其所具有的特点和价值受到了越来越多人的喜爱和认可。2004年，在雅典奥运会上，我国选手李婷和孙甜甜两朵金花在女双项目上折桂，实现了我国网球成绩上历史性的突破，为我国《全民健身计划纲要》的实施和进一步推动网球运动的普及与发展作出了巨大贡献。

为了适应当前教育教学改革的要求，满足社会发展对体育人才的需求，进一步推动学校体育和社会体育工作的顺利开展，使学生能够掌握系统的网球基础理论知识，编写网球教材工作的任务和意义显得十分重大。作为长期从事网球教学的高校教师，编者们担任着体育专业和大学体育网球课程的教学工作，并经常到外地参与各类网球比赛裁判工作，发现众多大学生对网球运动极度热爱，因此急切地感受到了在教学过中需要一本规范和内容全面的网球教材，以指导学生的学习和教师的教学。

受重庆大学出版社的委托，笔者召集部分长期在网球教学一线的专业教师及专业体育院校网球硕士、研究生参与了撰写。编写此书之前，笔者参阅了目前国内外网球教材十余部，汲取了这些优秀教材的优点，并结合自己长期从事网球教学和训练的经验，从动笔到定稿，历时近两年才将此书编写而成。为了保证此书的科学性、严谨性，邀请了相关专家进行了论证和审定，最终定稿成书。

本书可作为高等综合性大学体育院系的教材使用。本书实用性较强，其中不乏具体的训练方法，易于操作并配有图片和技术动作视频，因此也可供中学体育教师、初级教练员、运动员及业余训练爱好者参阅。

本书共分七章，由熊建设、卢丹旭担任主编，赵冬、刘光锐、宋琳、欧冬平、谢求彬、朱康担任副主编。本书编写具体分工如下：刘光锐（第一章、第二章），谢求彬（第三章），卢丹旭（第四章），欧冬平（第五章），朱康（第六章），赵冬（第七章）。初稿完成后，由赵冬串稿，卢丹旭、熊建设修改、统稿，本书图片设计、插入和视频拍摄由卢丹旭老师及网球专业学生配合共同完成，对日本网球运动教材、日本网球文化及相关文献的翻译、整理和归纳，由宋琳老师完成。其他参与本教材编写工作的有：柯于、周阳、石峰、李俊、陈娟、苏小钟、于征征、赵云鹏、荣礴、胡建秋、谢毅、刘现赟、牛涛涛、翟星辰。在编写过程中，本书得到了重庆大学出版社的支持与帮助，在此表示衷心的感谢！

由于作者水平、经验、时间有限，不足之处在所难免，敬请各位专家、同行和读者批评指正，并提出宝贵意见，我们会继续努力。

编　者

2017 年 5 月

目　录

第一章

网球运动简介

第二章

网球运动基本知识

第三章

网球运动基本技术

第四章

网球运动基本战术

第五章

网球运动训练

第六章

网球运动教学

第七章

网球比赛的赛程安排和规则

参考文献

第一章
网球运动简介

【学习目标】

使学生初步了解网球运动起源、发展、演变的历史过程和开展现状,认识网球场地、相关器材与装备,掌握网球运动的种类,了解网球运动赛事的开展状况,最终使学生对网球运动有一个全新的认识。

【学习任务】

1.初步了解网球运动的起源、发展及演变。

2.认识网球运动的场地、器材与装备。

3.掌握网球运动的种类和国内外网球运动的赛事开展情况。

【学习地图】

网球运动的起源、发展及演变⇨网球场地、器材与装备⇨网球运动的种类和赛事。

网球运动的起源、发展及演变

一、网球运动的起源

网球是一项优美而激烈的体育运动,它是 2 名或者 4 名球员在一块 23.77 米长,(单打)8.23 米、(双打)10.97 米宽,中间隔了一张网的场地上进行的,这是一项球类运动,要用球拍在规定的场地上来回击打一个有弹性的橡皮球,被称为世界第二大球类运动。

网球运动最初的形式是室内网球。历史学家们相对集中的观点认为,这项运动的起源可以追溯到 12—13 世纪的法国。当时,法国传教士们为了调节无聊和单调的生活,常常在教堂的回廊用手掌击打一种类似小球的物体。慢慢地这种活动传入法国宫廷,并很快成为了王室贵族的一种娱乐消遣的游戏。当时,这种游戏没有球拍,故叫作"掌球戏",即两个人中间用一条绳子隔开,用手掌将布包裹毛发制成的球打来打去的游戏。14 世纪中叶,法国王储将掌球游戏使用的球赠给英国国王亨利五世,于是这种游戏便传入英国。网球游戏受到英国王室成员的喜爱,英国爱德华三世非常热爱网球,下令在宫中修建一片室内球场,贵族、僧侣们也热衷于此项运动。当时这种球的表皮是用埃及坦尼斯镇所生产的最为著名的绒布——斜纹法兰绒制作的,英国人就将这种球称为"Tennis"(坦尼斯),并一直沿用至今。

15 世纪,有人发明了穿弦的球拍,尽管这种球拍并不美观,但与用手掌击球的方法比较,无疑是一种极大的进步。由于这种活动只在法国和英国宫廷中流行,所以,网球运动又称为"宫廷网球"和"皇家网球"。

16—17 世纪的网球运动不再是一种单纯的游戏,而逐渐成为一种竞技比赛形式,并建造了网球场,制订了相应的比赛规则。18 世纪,网球运动在各个阶层中开展起来。到 19 世纪,网球运动成为欧美盛行的一项运动。1873 年,掌握了古式网球游戏的英国人温菲尔德少校设计了一种男女都可以从事的户外活动,并命名为草地网球,同年又出版了一本名为《草地网球》的书;1874 年,进一步确定了场地的大小和球网的高度。1875 年,随着这项运动在英国的风靡,英国板球俱乐部制订了网球比赛规则。由于温菲尔德对近代网球运动作出了巨大贡献,最终获得了英国女王的勋章。1877 年,英国在温布尔顿举办了第一届网球锦标赛(温布尔顿草地网球锦标赛),共 22 名男选手参加。亨利·琼斯和另外两个人为这次比赛制订了全新的规则。当时,球场为长方形,长 23.77 米、宽 10.97 米,至今未变。发球失误一次不判失分,每局采取 0、15、30、40 的计分方法,为现代网球的盘、局、分制奠定了基础。1844 年,初次增设了女子比赛项目,首届女子网球单打比赛也在温布尔顿举行,共有 13 名运动员参加。有趣的是,决赛在一对姐妹中进行,结果是姐姐获得了第一届世界女子网球比赛的单打冠军。当时,女球员必须穿英国当局规定的统一服装:头戴滚花宽边帽,身着长衫、长裙,足蹬皮靴,裙长必须遮住足踝,胸口还要打上一条细丝领带。

多年来,网球运动历史研究者对网球运动的起源与发展众说纷纭,而对记分制的产生却意见一致,即采用 0、15、30、40 的记分制。法国早期的货币也是采取这种 0、15、30、40 的增量方法,因此,有些法国人认为,网球原始的记分制是仿效他们的货币而来的。

二、网球运动的发展及演变

1896 年,在希腊雅典举行的第一届奥运会上,网球单打和双打被列为正式比赛项目。后来,由于国际奥委会和国际网球联合会在"业余运动员"的定义上有分歧,已经连续举行了 7 届的奥运会网球比赛被取消。直到 1984 年的洛杉矶奥运会上,网球才被列为表演项目。1988 年汉城奥运会上,网球重新被列入正式比赛项目。

网球运动从法国宫廷走向社会并在美国普及,最后流行于全世界的过程是曲折的。1874 年,在英属百慕大度假的美国人玛丽·奥特布里奇看见英国军官在打网球,随后对网球产生了浓厚的兴趣。回国后,他在纽约斯特誉岛设置了网球场。由于网球运动的独特魅力,很快就在美国斯特誉岛上发展起来,不久在纽约、新港、波士顿、费城等大城市里也迅速发展起来。1881 年,世界上第一个全国性网球协会,即美国全国草地网球协会("全国"两字于 1920 年取消)成立。同年 8 月,美国草地网球协会在罗德岛纽波特港举行了第一届美国草地网球男子单、双打锦标赛,采用了温布尔顿的比赛规则。单打冠军是理查兹·西尔斯,双打冠军是克拉克与泰勒。美国草地网球协会于 1887 年、1890 年、1892 年又相继举行了女子单打、女子双打、混合双打锦标赛。当时的美国总统西奥多·罗斯福非常喜欢网球,他积极支持修建网球场,举行网球比赛,还经常邀请陪同他骑马散步的朋友们在白宫网球场上打网球。在两次世界大战期间,其他国家的网球比赛都停止了,唯独美国没有停下来。相反,美国的网球运动还达到了令人惊讶的高峰和极盛时期,竟然有 4 000 万人参加网球运动。所以至今为止,美国的网球运动始终处于世界的领先地位,在网球大赛中美国网球运动员的成绩也一直名列世界前茅。

1878 年以来，草地网球渐渐由商人和驻军等传至全球，如加拿大和斯里兰卡（1878 年）、捷克斯洛伐克和瑞典（1879 年）、印度和日本（1880年）、澳大利亚（1880 年）、南非（1881年）。当时，爱好网球的人士绝大多数是富裕的资产阶级，他们有条件在自家的草坪上设置网球场作为他们的社交活动场所。在 19 世纪 90 年代中期，网球进入了初步发展的阶段，许多国家和地区组建了网球协会，并定期举行比赛。1891 年，法国首次举行了男子单打和双打锦标赛，参加者仅限于法国公民。女子单打始于 1897 年。1900 年，21 岁的美国网球运动员戴维斯为了推动现代网球运动的发展，捐赠了一只黄金衬里的纯银大钵，名为戴维斯杯。它后来成为国际网坛声望最高的男子团体锦标赛的永久性流动奖杯。每年的冠军队和队员的名字都会被刻在杯上。1920 年，当名字刻满后，戴维斯又捐赠了一只垫盒，之后又增添了两只托盘。

1904 年，澳大利亚草地网球协会成立，并于 1905 年开始主办澳大利亚网球公开赛，设男子单打、男子双打两个比赛项目。1922 年又增加了女子单打、女子双打和混合双打三项。法国网球公开赛、英国温布尔顿网球公开赛、美国网球公开赛和澳大利亚网球公开赛被誉为最高级别的网球赛事，被称为"四大网球公开赛"。任何一名选手或一组双打选手能在四大网球公开赛中夺得一个冠军，便获得"大满贯"优胜者的荣誉，如果获得四大网球公开赛的所有冠军，便获得"全满贯"的美誉。

1911 年之后，草地网球正在世界上迅速发展，一些设有网球协会的国家迫切需要一个国际机构来负责协调和组织国际性比赛。1913 年 3 月 1 日，英国、澳大利亚、法国等 12 国的网协在巴黎召开会议，成立了世界网球的最高组织——国际网球协会（ITF），总部设在伦敦。它有协会会员 191 个，其中，119 个为正式会员，72 个为无表决权的联系会员。国际网球联合会负责协调国际网球活动，安排全年比赛日程表，修订网球规则并监督它的执行。1919 年，抽签采用"种子"制度。1927 年，英国首创无缝网球，使球速加快。20 世纪 40 年代至 60 年代，网球趋向职业化。1963 年开始举办联合会杯赛。1968 年温布尔顿首先实行不区分业余选手和职业选手的参赛赛制。

20 世纪 50 年代，双手握拍击球技术被网球运动员采用，比赛时间越来越长，比赛场面也越来越激烈。20世纪70年代以后,网球又得到了进一步的发展。网球运动发展较快的主要原因有以下几点:第一是允许职业选手参加网球公开赛,开创了职业网球巡回赛的先河,取消了职业选手和业余选手的界限,增加了大赛的激烈程度,从而促进了运动员技术水平的提高,激发了广大网球爱好者从事该项运动的热情,提高了人们观看、评论网球比赛的积极性。第二是科学技术在球拍等器材制造中的应用,带动了先进网球器材的生产,并促进了网球技术水平的提高,从而推动了网球运动的快速发展。

1972年,国际男子职业网球选手协会(ATP)成立,为男子职业运动员提供比赛的机会和条件,组织管理运动员的参赛资格、积分、排名、奖金分配以及制订比赛规则等,号称"球员工会"。1973年,国际女子网球协会(WTA)成立。两个协会的成立使国际性、职业性的赛事大量增加,在空间和时间上覆盖着全球和全年。职业网球协会的成立,激发了球员职业化、赛事商业化、网球运动市场化和产业化等连锁反应。特别是在1988年第二十四届汉城奥运会上,网球运动正式成为比赛项目,结束了自1928年第九届奥运会开始的职业与非职业网球运动员之间长达60年的分歧。经历了曲折的突破过程,网球运动开始全面步入职业化。

进入20世纪90年代后,网球的发展有这样四个特点:一是普及;二是水平高,争夺激烈;三是随着器材的变革,尤其是网球拍的研发,网球向着力量、速度型方向发展;四是随着网球运动各种大赛奖金的设立,网球运动的职业化、商业化程度越来越高,越来越明显。总之,世界网球运动将会以独特的魅力和不断发展的技术赢得越来越多的爱好者和观众。

第二节 网球运动的场地、器材与装备

一、网球场地

1875年,英国的迈瑞伯尼板球俱乐部制订了一部新的标准化的网球比赛规则。接着全

英板球俱乐部决定在温布尔顿修建用于网球比赛的草地网球场,全英板球俱乐部也改名为全英板球和网球俱乐部。他们规定单打比赛场地的长为78英尺(23.77米),宽27英尺(8.23米);双打场地长78英尺(23.77米),宽36英尺(10.97米),位于球场中间的球网高3英尺6英寸(0.914米),用高3英尺6英寸(1.07米)的柱子支撑(见下图)。下面介绍几种网球场地的不同层面的材料和性能。

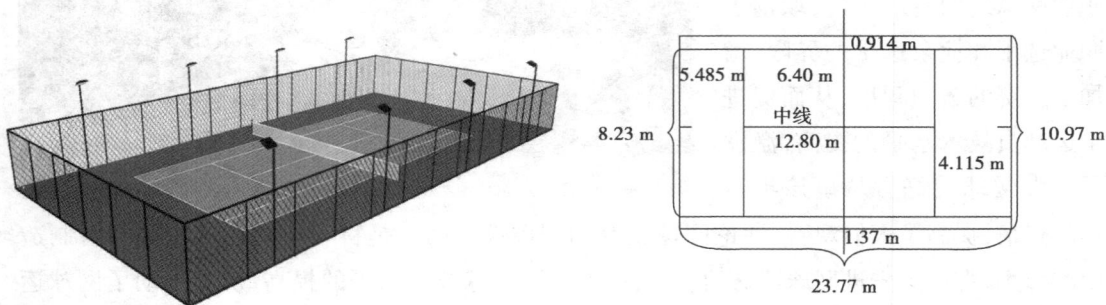

(一)草地球场

草地球场是历史非常悠久、非常具有传统意味的一种场地。由于这种场地造价昂贵,需要专人养护管理,花费很高,所以这种球场很难推广到世界各地。但是著名的温布尔顿网球公开赛仍然保留着传统特色,使用着这种草地网球场。草地球场的特点是球落地时与草地的摩擦小,球的反弹速度快,对球员的反应能力、灵敏性、奔跑速度和技巧等要求非常高,同时球员也利用此特点擅长打"进攻性网球",发球上网、随球上网等各种上网强攻战术几乎被视为在草地网球场上制胜的唯一法宝。

(二)人造草地

人造草地的结构有点像地毯,只不过是片状尼龙编织物上栽植的尼龙短纤维,颜色呈绿色。人造草地借细沙为填充物,以保持它的直立与弹性。这种场地需要平整、坚固的基底,附设良好的排水结构,并且其白色界线是与周围场地直接拼编在一起的,所以免去了许多诸如画线等维护上的麻烦,维护者只需要经常梳平整理,并适时增添其间的细沙就可以了,并且也不受气候的影响。

(三)软性场地

常见的各种沙地、泥地等都可称为软性场地,其中法国网球公开赛是"软性球场"最典型的代表。

软性场地不会很坚硬,地表铺有一层细沙或砖粉末。其特点是球落地时与地面产生的摩擦较大,球速比较慢,球员在跑动中,特别是在急停急起时,会有很大的滑动余地。这种特点决定了选手必须具备更顽强的意志品质和更出色的奔跑、移动能力。在这种场地上进行比赛,对选手是极大的考验,主要考验其底线相持的能力。沙地或土地网球场虽然造价比较低,但后期保养和维护相当麻烦,平时需要浇水、拉平、画线、扫线,雨后需要平整、滚压等。

(四)硬地

硬地是现在最普通、最常见的一种场地,它一般由水泥和沥青铺垫而成。场地上涂有绿色、红色等颜色或铺有一层塑胶层面,其表面平整、硬度高,平时容易维护和保养,许多公共球场都采用这种硬地球场。这种场地上的球的弹跳非常规律,但球的反弹速度也很快。

需要注意的是硬地不如其他质地的场地弹性好,初学者在练球时应加强对自己的保护,特别是膝关节、踝关节。如果初学者在跑动中方法不正确,地表的反作用力又很强,对膝和踝关节易造成伤害。所以在练习中要掌握合理的移动技术,击球时尽量降低重心。

(五)合成塑胶场地

合成塑胶场地的材质与塑胶田径跑道的材质同类,它以钢筋混凝土或其他类似的材质结构为基底,表面铺撒的是合成塑胶颗粒。这种场地的弹性及硬度依塑胶颗粒的大小、铺撒的紧密程度及其本身的特质而定。塑胶场地颜色艳丽,管理方便,室内外皆可铺设。

(六)网球地毯

这是一种"便携式"可卷起的网球场,其表面是塑胶面层、尼龙编织面层等,一般用专门的胶水粘接于具有一定强度和硬度的沥青、水泥、混凝土地基的地面上即可。其铺卷方便、适于运输且有非常强的适应性,室内外甚至屋顶都可以采用。球的速度根据场地表面的平整度及地毯表面的粗糙程度来确定。在保养上只要保持地面干净,不积水就可以。

二、器材与装备

(一)球拍

由于每个人的体能、年龄等情况不同,因此对于球拍的要求也存在着差异。一般来讲,选择球拍需注意以下问题:球拍的重量、拍柄的尺寸、球拍面的尺寸、拍线的密度及磅数、拍面的形状、球拍的材质等。

一般情况下球拍的重量:年轻力壮者适用 320～330 克,中老年人适用 300～320 克,女士及青少年适用 280～300 克,儿童适用儿童拍。球拍的重量系数是指未上球线等配件时拍子的净重克数,具体可以分为拍头重量和拍身重量两部分。一般初学者可通过标签或说明来了解。从网球技术理论而言,球拍的重量选择与选手的技术、力量和能力有关。随着这些因素的改变,其球拍的重量应作相应调整和改变。

跟重量一样,拍柄的大小也要选择个人感觉最舒服的。太粗的拍柄容易使人疲劳,击球过程中动作反应灵敏度降低,不易处理小球、截击球;而太细的拍柄不容易抓紧,遇上力量较大的回球容易松动而翻拍。一般球拍拍柄的尺寸分为:4 1/8 英寸(约 104/20 厘米),也称 1 号拍柄;4 1/4 英寸(约 104/10 厘米),也称 2 号拍柄;4 3/8 英寸(约 111/20 厘米),也称 3 号拍柄;4 1/2 英寸(约 104/5 厘米),也称 4 号拍柄。

95 平方英寸以下的小拍面一般适合力量较大、动作稳定的中高级业余选手;95～100 平方英寸是中拍面,一般适合力量中等、动作比较稳定的中高级业余选手;100～115 平方英寸是大拍面,一般适合力量较弱、动作不够稳定的初中级业余选手;115 平方英寸以上是超大拍面,一般适合力量弱的女士和中老年初级业余选手。

平衡点的中心话题就是"头重"和"头轻"。拍头重适合底线抽击球,反之适合网前截击及双手击球选手使用。

一般球拍最常用的磅数是 55～60 磅,职业选手球拍的磅数在 70 磅左右。磅数越高,弹性越低,但是挥拍速度快的球员可获得较好的控球效果;而磅数低会产生弹簧作用使弹性增加,控球性能也会降低。

对于球拍的长度,选择的标准首先是使用者的身高,其次是使用者的打法特点。通常,身高与球拍长度成反比。选手为弥补身高不足,选用加长的拍面是适宜的。69 厘米(27 英寸)为标准长度,超过此长度的为加长球拍。球拍的总长度不能超过 73.7 厘米(29 英寸)。球拍框的总宽度不能超过 31.7 厘米(12.5 英寸)。击球平面的总长度不能超过 39.4 厘米(15.5 英寸),总宽度不能超过 29.2 厘米(11.5 英寸)。一般认为加长球拍在球拍的力量、发球威力方面会有增加,但是在网前截击的时候,球拍就会缺乏灵活性和敏捷性。

网球穿线

知识链接

网球穿线小常识

拍子的生产厂商会给你建议应该上多少磅拉力,这个范围通常都是厂家邀请专业球员进行试打得出的结论,因此,如果没有特殊需要(如需要更大威力、患有网球肘等),都应该从这个范围的中间范围开始穿弦,并在那里进行调整。一般都在 55~65 磅。请注意:

1. 你获得了理想的手感和力量平衡,如果是这样,这个磅数就很适合你。

2. 你觉得控制力不够,那就需要把你的拍弦磅数提高两磅,这样你可能击球不那么深了,但你获得了更高的控制力。

3. 如果你觉得力量不够,那就减低你拍弦的磅数。

(二)球

比赛用球为白色或黄色,用橡胶化合物制成,外表用毛制纤维覆盖,没有缝线。球的直径为 6.54~6.86 厘米,重量为 56.0~59.4 克。球的弹力测试方式是,让球从 2.54 米的高度自由下落,并且在混凝土地面上弹起的高度为 135~147 厘米,证明球的弹跳符合要求。

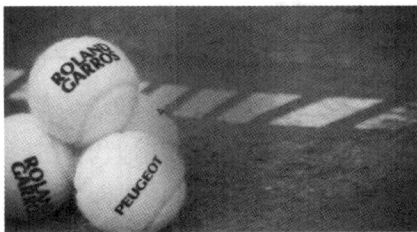

众多网球爱好者,尤其是新手对球的要求较低,通常只是能打就行,其实这样是不正确的。如果选取球质较硬、气囊较差、弹性不规则的网球则不利于运动的开展,因此建议采用质量好的球进行训练。

(三)网球服装

网球运动对运动员的着装有着特殊要求。这些要求来自传统习俗,也来自对优美形象的追崇。网球运动本身是一项优雅的运动。在很久以前,网球的着装相当隆重和烦琐,以至于限制了球员在球场上技术水平的发挥。现在,选手们随意找件圆领 T 恤和短裤就可以上场打球了。但在一些正规的比赛场合,标准的网球穿戴应该是男选手穿带领子的半袖T恤和网球短裤,女选手穿中袖或无袖上衣及短裙或连衣裙。进入网球场一般穿专用的网球鞋,不允许穿硬底鞋和带钉的鞋进入网球场,赤脚入球场打球更是一种不文明的行为。

知识链接

如何选购网球服装

在20世纪早期,男子球员不得不穿着长裤进行比赛,而女子选手的长裙也使她们备受折磨。随着时代的发展,网球装变得更简单更舒适,各种着装规范也渐渐消失。今天,随意找件圆领T恤和短裤就可以上场打球了。但在一些正规场合,你的穿着还是应该有所保留。如比赛时一件带领子的白色上衣要比一件无袖圆领T恤来得更得体。女子方面,过分暴露一直是官员和媒体们争论的焦点。T恤与短裤是经典的款式,适合所有男士穿着。尤其在公众场合,这样的款式显得大方得体但又不失时尚。宽松的短裤让你行动自如,尤其在快速跑动中;无袖圆领T恤舍去了袖子的设计,使得运动时更舒适凉爽,并且看上去更酷、更有魅力。T恤与短裙:传统的T恤和传统长度的裙子,很经典也很时尚。

(四)网球鞋

网球鞋的特殊构造有助于保护选手的身体,尤其可以有效避免腕、踝关节及膝关节受伤,还可以帮助选手提高球技,有利于选手快速移动和制动。

由于大多数网球场地均由三类性质不同的材料构成(草地、沙土、硬地),因此,不同形状的鞋底几乎决定了选手在不同场地的发挥效率。草地球场首选凸出胶装纹路的鞋底;但对于沙土场地则应选择宽波沟纹路的鞋底;而现在使用最多的是硬地球场,则要选择细密人字纹路的平滑鞋底。在购买网球鞋时还要注意尺寸和比例。对于男女网球选手还应该懂得男式球鞋和女士球鞋的设计区别,另外,技术风格相异的球员也会选择不同的网球鞋。全场型球员的球鞋多以重量轻、移动迅速为主,底线型球员多选择牢固、较重、较有支撑力的网球鞋。

(五)头带和护腕

佩戴头带可以固定头发并防止额头汗水流下;伸缩性较强的护腕除具有阻止汗水顺着手臂流到手中影响握拍外,还有固定和保护腕关节的作用。

一、短式网球

短式网球是在世界网球运动进入高速发展时期,出现了"启蒙小,成才早"趋势的情况下,针对儿童身心发育特点和负荷能力而产生的一种缩小网球场地和训练器材比例的儿童网球运动,该项运动起源于 20 世纪 70 年代后期的瑞典。1900 年,国际草地网球协会正式认可并接纳短式网球为发展规划项目。短式网球是一项经专家设计、富有网球运动全部内涵、适合 5 岁起各年龄段儿童启蒙训练的新兴体育项目。近年来,国际网联又颁布了"短式网球推行计划",使其在国际上得到了广泛推广。美国网球协会也开展了这项运动的宣传活动。最后,短式网球被公认为儿童网球训练的有效方法和手段。

(一)短式网球场地

短式网球场占地面积只有正规网球场的 1/3,其标准场地长 13.4 米,宽 6.1 米,端线至拦网的距离不得少于 4 米,两场地之间相隔 2 米。端线后面的网高度不低于 3.5 米,球网柱高 0.85 米,球网中央高 0.80 米,网长 7 米。

(二)短式网球器材

短式网球球拍与成人球拍形体一样,但轻、小,长度一般分为 47 厘米、49 厘米和 55 厘米三种;质量与长度成正比例,为 140 ~ 160 克;拍柄较细,与儿童手的大小相符。儿童要根据年龄和力量条件选择合适的球拍。选择时,要掌握宁轻勿重的原则,切忌使用超负荷或成人球拍参加训练。

短式网球运动

短式网球的球是高弹性泡沫塑料制成的,直径 7 厘米,重量为 14.5 ~ 15 克(正规成人网球的直径是 6.4 ~ 6.7 厘米,重 57 ~ 59 克),具有很好的弹性,飞行过程中空气阻力较大,飞行轨迹稳定,落地后前冲力小,不但有利于控制,也有利于发力,非常适合儿童活动。

二、软式网球

软式网球是从网球派生出来的一种运动,它诞生于日本的明治维新初期。当时,西方传教士、商人将草地网球带进了日本,但由于那时的日本还不具备制作网球和球拍的条件,而依靠进口价格又比较昂贵,所以只能用被称为是玩具的橡皮球进行活动。由此,在日本诞生了软式网球。我国的软式网球运动掀起于 1986 年，1987 年正式成立了"中国软式网球协会"。软式网球的技战术特点与正规网球极其相似，只是在场地、器材、规则等方面存在不同。

软式网球球网为黑色，长 12.65 米，高 1.06 米，网孔边长 3.5 厘米，球网上端用两片 5~6 厘米宽的白布包裹（穿钢丝绳用）。球网两端要和网柱密接，球网下沿要与地面相连。

球拍是用木料、金属及其他材料制成的。拍框上要穿织网弦，拍长 69 厘米；拍框一般为椭圆形，长 32 厘米，宽 22 厘米；拍把长 37 厘米。

软式网球是充气的白色橡胶球，直径 6.6 厘米，重 30~31 克，从 1.5 米高处下落的反弹高度为 65~80 厘米（国际标准为 55~80 厘米）。

软式网球介绍

三、轮椅网球

身心障碍者坐在轮椅上打网球被称为轮椅网球。1976 年由澳大利亚的诊所开始有组织地推动该项目，并于 1985 年在美国举行了第一次正式的国际比赛。1988 年 10 月，由美国、澳大利亚、日本、加拿大、法国、以色列等国家成立了正式的国际组织——国际网球轮椅联合会（IWTF,International Wheelchair Tennis Federation），在 ITF 的协助和 NEC 的赞助下，开始有职业性比赛及积分排名的组织运作。IWTF 的会员国累计有 54 个，而目前正在推动轮椅网球的国家或地区则有 70 个左右，且一直在增加中。1992 年巴塞罗那奥运会将轮椅网球列为正式比赛项目。1998 年，IWTF 和 ITF 合并，这是残障运动中唯一与一般运动组织同等发展的运动。可以说，正是有了轮椅网球，网球运动才成为真正意义上的适合任何人的运动。

轮椅网球的比赛规则完全按照由国际网球联合会制订的身体健全人的网球规则来进行，不同的是轮椅网球运动员在比赛时允许球落地两次，运动员必须在球第三次落地之前回击到对方场地。轮椅被视为身体的一部分，所有涉及运动员身体的规则对于轮椅都适用。

轮椅网球介绍

第四节 网球运动的赛事开展

一、国际团体赛

（一）戴维斯杯

戴维斯杯赛就是世界男子网球团体赛，它是美国青年德威特·菲利·戴维斯 1900 年创办的。第一届比赛在美国波士顿举办,美国队以5∶0获胜。当时只有美国和英国参加。之后,又有比利时、法国等国家加入了戴维斯杯。

随着参赛队伍的增多,出现了区域赛,如欧洲/非洲区、美洲和亚洲/大洋洲区,并于1972年废除了挑战赛制,赛制改为由16个最强的国家队组成世界组。世界组设立8个种子队,前8名争夺戴维斯杯。戴维斯杯的比赛采用4单1双的5场3胜制。比赛分3天进行,第一天2场单打,第二天1场双打,第三天2场单打。第一天和第二天的比赛采用5场3胜制,第三天的比赛采用3场2胜制。

(二)联合会杯

联合会杯是世界女子网球团体赛。它是1963年为庆祝国际网联成立50周年而创办的每年一度的女子网球比赛,和戴维斯杯男子网球团体赛齐名。联合会杯创建初期的比赛方法是:参赛国家到主办国,全部比赛场次都在同一地点,在一周时间内决出冠军。随着女子网球运动在世界范围的普及,参加联合会杯比赛的队伍也越来越多,原来的赛制已不能适应新的变化。

1995年,联合会杯赛采用了最新的赛制,实际上类似于戴维斯杯比赛。比赛先在世界不同的地方进行,并以主客场形式出现。具体分组如下:由上一年度联合会杯进入前8强的队伍组成"世界组",其余8个队组成A组。未进入前16强的队将分别在亚洲区、欧洲区、美洲区和非洲区进行预选赛。名额分配如下:欧洲区、非洲区进入A组的名额为2名,亚洲区、大洋洲区1名,美洲区1名。"世界组"8个队第一轮获胜的4个队进入半决赛,第一轮失败的4个队与A组中获胜的4个队进行比赛,比赛获胜的4个队进入下一年度的"世界组",失败的4个队作为下一年度的A组队。A组中第一轮失败的4个队同各区中获胜的队进行比赛。胜者进入A组,失败的4个队回各区参赛。

(三)奥运会网球赛

1924年,奥运会组委会曾经把网球列为奥运会正式比赛项目,后来由于国际网联和奥运会在"业余选手"上的分歧而退出奥运会。1984年,网球被奥运会列为表演项目。1988年,网球再次成为奥运会正式比赛项目。

┃┃ 二、四大网球公开赛

(一)澳大利亚网球公开赛

澳大利亚网球公开赛从1905年创办至今已有百年的历史,比赛地点设在澳大利亚的墨尔本。由于比赛时间安排在1月底2月初,因此,澳大利亚网球公开赛既是四大网球公开赛中创办最迟的赛事,又是四大网球公开赛一年当中最早的一站比赛。

澳大利亚网球公开赛是在硬地网球场上举办的,打法全面的选手在这种场地上占优势。由于比赛安排在1—2月份,正是当地盛夏,所以初期比赛的男女冠军几乎都由本国选手获得。进入19世纪80年代后,打进男女前4强的基本上都是欧美选手。

(二)法国网球公开赛

法国网球公开赛始于1891年,它
与温布尔顿草地网球锦标赛一样,是
一项享有盛名的传统网球比赛。比赛
设在巴黎西部蒙特高地的一座叫罗
兰·加洛斯的大型体育场内。这座体
育场建于1927年,以在第一次世界大
战中为国捐躯的空中英雄罗兰·加洛

斯的名字命名。比赛安排在每年5月底6月初进行,它是继澳大利亚网球公开赛之后第二
个进行的大满贯赛事。法网球场属慢速红土场地,对以底线抽击为主的选手较适合。因比
赛时球速较慢,来回次数多等特点,观众看得非常过瘾。如果选手之间实力较为接近,一场
比赛打上4小时是司空见惯的。

(三)温布尔顿草地网球公开赛

温布尔顿草地网球公开赛创办于1877年,是现代网球史上最早举办的比赛。比赛设在
伦敦西郊温布尔顿总部,安排在每年6月底7月初举行,它是四大网球公开赛中的第三站比
赛。温布尔顿网球公开赛是在草地上进行的。它适合发球上网型的选手,球速较快。

1922年,在温布尔顿修建了可容纳1.5万观众的中央球场。现有草地网球场18个。
1968年,英国草地网球协会允许职业选手参加温布尔顿网球公开赛以来,几乎世界顶尖选
手都来参加此项赛事。1976年,瑞典选手博格获得温布尔顿网球公开赛冠军,并连续4年
卫冕成功。值得一提的是,男子选手美国的桑普拉斯和瑞士著名网球运动员费德勒都是草
地赛场上的顶尖级高手。

(四)美国网球公开赛

美国网球公开赛是每年四大满
贯赛事的最后一站比赛。首届美国
网球公开赛于1881年在罗得岛新
港举行,当时只是美国国内的比赛。
1968年被列为四大公开赛之一,在
每年的8月至9月举办。由于这项
赛事的奖金和商业化程度高,以及
采用中速硬地球场,所以每年都能
吸引世界上的高手参赛。

由于美国网球运动较为普及,值得一提的是美国的女子选手塞蕾娜·威廉姆斯。

三、年度总决赛(世界锦标赛)

年度总决赛是指 ATP、WTA 每年 11 月举行的世界锦标赛,是 ATP、WTA 巡回赛的最后一站,也是最重要的一站比赛,世界顶尖高手的年终排名将由此最终确定。

ATP 年终排名由每年 1 月在德国的汉诺威举行的 ATP 世界锦标赛最后确定,只有获得世界排名前 8 名的选手才有资格参加。对这 8 名选手来说,能有资格参加这一项赛事本身就是一种荣誉。ATP 双打排名由在美国哈特福德举行的 ATP 双打锦标赛最后确定。WTA 年终排名由美国纽约举行的 WTA 世界锦标赛最终确定。

四、大师杯系列赛

(一)巴黎银行赛大师赛(印第安维尔斯大师赛)

印第安维尔斯大师赛是一项在美国的加利福尼亚州印第安维尔斯举行的网球比赛。由于赛事自 2009 年起由法国巴黎银行赞助,因而 2009 年后这一比赛又被称作巴黎银行公开赛。

(二)蒙特卡洛大师赛

蒙特卡洛大师赛创立于 1897 年,1928 年成立了蒙特卡洛乡村俱乐部。它的对面就是浪漫的地中海和享有盛名的沙滩酒店。蒙特卡洛乡村俱乐部被称为"地中海明珠"。

(三)罗马大师赛

罗马大师赛是一项每年在意大利罗马举行的网球巡回赛,是 ATP 大师赛之一,同时也是 WTA 一级赛事。男女选手的赛程会安排在 5 月不同的周举行,场地为红土。赛事另一个为人熟知的名称为意大利公开赛。

(四)马德里大师赛

马德里大师赛是每年在西班牙首都马德里举办的男子网球赛事,是 ATP 大师系列赛的其中一站。该项赛事于 1990 年开始举办,最初举办地是在瑞典首都斯德哥尔摩,后曾搬到德国的埃森和斯图加特。2002 年起搬到马德里,场地为室内硬地;2009 年起场地改为在室外红土进行。

(五)汉堡大师赛

德国汉堡网球公开赛始于 1892 年,也是最古老的网球赛事之一。1892 年的汉堡锦标赛期间,当地发生了霍乱,结果比赛拖延一个多月才结束,成为唯一在霍乱中举办的网球比赛。到 1969 年,网球公开赛推进,汉堡锦标赛提升了冠军奖金,演变为现在的汉堡大师赛,于每年 5 月中旬举行。

(六)罗杰斯杯大师赛

罗杰斯杯是 ATP 每年九项大师系列赛的第 6 站,也是美国硬地系列赛第一站重要的热身赛。罗杰斯杯的男子比赛又称加拿大大师赛,始于1881年,历史十分悠久。比赛于双数年在多伦多举行,而单数年则移至加拿大法语区城市蒙特利尔举行。时间是8月8—14日,比赛场地在举办美国网球公开赛的场地上进行。

(七)西南财团大师赛

辛辛那提大师赛是每年ATP大师系列赛的第7站,也是美网系列赛中继加拿大大师赛之后第二站重要的热身赛事,又名西南财团大师赛。本项赛事始于1899年,是世界上最古老的赛事之一,比赛的场地是与美网相同的室外硬地,比赛在每年的8月中旬举行。

(八)上海大师赛

"上海ATP1000大师赛"创办于2009年,是网球ATP1000级赛事上海站的正式名称。ATP1000大师赛是ATP巡回赛中级别最高的赛事,规模仅次于四大满贯。ATP1000大师赛只在全世界九个地点举办。上海大师赛是ATP世界男子职业网球巡回赛最高级别赛事之一和亚洲唯一一站ATP1000大师赛。

(九)巴黎大师赛

巴黎大师赛是每年在法国首都巴黎举办的网球赛事,为ATP大师系列赛的其中一站(通常也是当年度的最后一站ATP大师系列赛),于1986年开始举办。巴黎大师赛的场地是室内地毯场地,是世界上最著名的室内地毯网球赛事之一。巴黎网球公开赛是每年的最后一站大师赛,在10月末11月初举行。

知识链接

什么叫ATP、WTA冠军排名和世界排名?

ATP世界排名是将男子职业球员在过去52个星期内于四大公开赛、9项大师赛、大师杯赛和其他5项成绩最好的赛事中获得的积分累加起来确定的排名,世界排名也是划定球员种子排名的参考标准。值得一提的是,每项赛事的冠军排名的分值要小于世界排名的分值。

WTA冠军排名是指女子职业球员当年参加所有赛事获得积分的总和,冠军排名是球员能否入围年终总决赛的参考标准。WTA世界排名是指女子职业球员在过去52个星期内17项成绩最好的赛事中获得的积分总和。

本章小结 — 　　本章主要阐述了网球运动的起源、发展及演变，介绍了网球运动的场地、器材、装备和网球运动的赛事开展，还简要介绍了其他网球运动的种类和网球运动的组织机构。

回顾与思考 — 　　1.简述网球运动的起源与发展。

　　2.四大公开赛包括哪四项比赛？各有哪些特点？

　　3.网球成为奥运会正式比赛项目后，对其发展有何推进作用？

　　4.网球运动的特点有哪些？

知识拓展 — **史上知名教练：网球教父声名显赫，托尼叔叔亦入围**

　　网球选手能在场上获得好成绩，与教练的辛勤付出不无干系。目前评比出了史上最著名的几位网球教练，有网坛教父之称的波利泰利、大小威的父亲、纳达尔的叔叔等。

理查德-威廉姆斯

　　小威廉姆斯回忆儿时练球的经历时说过："时不时还会听到街上有枪声传来。"理查德-威廉姆斯和他后来的妻子奥拉斯恩此前从未舞动过网球拍子，直到有一次他看到一位电视评说员称网球选手一周就能有多少万美元的收入，也就是从那一刻起，理查德开始投身网球界。他先是教会大家学会了打网球，后来造就两个女儿维纳斯和塞雷娜。

尼克-波利泰利

　　阿加西也曾在波利泰利坐落在佛罗里达的网球学院挥汗如雨。现在80岁高龄的波利泰利照旧忙碌在大家的网球学院里，你总是会在那边的网游乐园上发现他的身影。以他这个年纪，为何还要如此折腾自己？考瑞尔说他已经具有空降兵般的意志力，现在依然如此。波利泰利造就了10个登顶过世界第一的球员，分别是贝克尔、塞莱斯、考瑞尔、阿加西、辛吉斯、里奥斯、小威、大威、莎拉波娃和扬科维奇。

伦纳特-伯格林

　　比约-博格也曾经是个脾气火暴的青年，他会无所顾忌地诅咒、摔拍子。直到伯格林出现，他让博格找到了心田的平静，最终获得了11个大满贯亚军。他教诲博格学会掌握大家心田的激情。"咱们就如同爷儿俩正常。"博格说道。

拉里莎-普列布拉金斯卡娅

莫斯科斯巴达克网球俱乐部的普列布拉金斯卡娅被认为是俄罗斯网球之母。库尔尼科娃称她为"我的第二个母亲"。如果没有普列布拉金斯卡娅，库娃在游乐园上的表现可能只给人留下模糊的记忆。如果那年库娃没有变成好莱坞的网球明星，其余俄罗斯女孩可能也不会走上这条道路(2004年的法网决赛就在米斯金娜和德门蒂耶娃两位来自斯巴达克网球俱乐部的球员之间开展，前者最终胜出)。"她让咱们很有保险感，在斯巴达克每天要操演9个小时，我见她的时间比见我亲母亲长得多。"库娃说。

罗伯特-兰斯多普

很多年来，人们都认为莎娃的教练就是她的父亲，但事实上，兰斯多普才是莎娃的教练。他还曾经执教过桑普拉斯、奥斯汀、达文波特和米斯金娜。外界普遍感觉兰斯多普最操心的弟子就是达文波特。"他帮我打好了根底。如果没有他的教导，我不可能获得那样的成就。"达文波特说。

哈里-霍普曼

当霍普曼在波特-华盛顿网球学院执教时，麦肯罗受益无穷。霍普曼最让人记忆深刻的成就来自于戴维斯杯，而作为教练，他同样成就了得。塞奇曼、纽康比、罗斯维尔、罗德-拉沃尔、托尼-罗切和埃莫森等球员都出自他的门下。当他来到波特-华盛顿学院时，又与古库拉提斯竞争。而后他又在佛罗里达开设霍普曼网球学院，学生囊括安德烈-耶格。

托尼-罗切

他曾和四位世界第一竞争过，他们是伦德尔、拉夫特、费德勒和休伊特。伦德尔之所以招聘罗切是因为他相信澳大利亚人能够加强大家的网前威力，从而赢得温网。罗切还辅导过前世界第四多克奇。

布拉德-吉尔伯特

吉尔伯特是《俊俏地赢球》的作者，他和阿加西的竞争最为人所津津乐道。1999年法网决赛，阿加西在两盘落后于乌克兰人梅德维德夫的状况下，利用一场"及时雨"的扶持(借机会在更衣室和教练吉尔伯特继续了攀谈)上了大逆转，首次夺得火枪手杯，实现全满贯壮举。

托尼-纳达尔

纳达尔在自传*Rafa*中提到，正是托尼叔叔"逼迫我操演左手持拍，所以那样我就更难被摧毁"。在其余时间都运用右手(写字、打高尔夫、打排球)的纳达尔给大家示范用左手打网球也很是得心应手。如果没有托尼，纳达尔恐怕很难拥有眼前的成就。"从一开始，托尼对我就是严格要求，比其余任何孩子都要严格。"纳达尔在自传中说道，"他有很多的要求，给我强加很大的压力。他会大喊，说很刻薄的话，他让我感到紧张、恐惧，尤其是当其余男孩没有出现，只有咱们两个人的状况下。当我前去锻炼时，发现只有我和他，我的心就会不自觉地紧绷起来。"

郭申初主编的《网球》中,关于网球运动的起源与发展介绍得非常详细,内容丰富多样,对世界主要的网球机构也进行了介绍。尤其是第一章第四节内容,阐述了大学校园网球运动的发展状况,对历届全国大学生网球赛团体成绩进行了统计分析。这些是众多教材所缺乏的,也是教材的创新和突破,值得初学者阅读学习。

第二章
网球运动基本知识

【学习目标】

使学生掌握网球运动的基本知识,包括了解网球运动的价值和特征,认识网球运动的文化礼仪,掌握网球运动的热身活动和网球运动损伤及预防的基本知识。

【学习任务】

1. 初步了解网球运动的价值和特征。

2. 认识网球运动的文化礼仪。

3. 掌握网球运动的热身活动和网球运动损伤及预防的基本知识。

【学习地图】

网球运动的价值和特征⇨网球运动的文化礼仪⇨网球运动的热身活动和损伤及预防的基本知识。

网球运动的价值及特征

一、网球运动的价值

网球运动是一项只有开始时间没有结束时间、比较激烈的隔网对抗性体育项目。网球运动球速快、变化多,健身性、趣味性强,时尚高雅,运动量可大可小,是一项男女老少皆宜的体育项目。经常从事网球运动可增强体质,促进身心全面发展,能有效地提高中枢神经系统的反应能力,改善心血管系统的机能,并能有效地发展速度、力量素质,增强协调性和提高耐久力,还能发展人的机智勇敢、沉着冷静、敢于拼搏的优良心理素质。

(一)提高呼吸系统的功能

网球运动是一项以有氧、无氧运动相互交替,但以有氧运动为主的运动。经常进行网球运动,可以使呼吸系统的机能得到改善和提高。运动中,随着身体对氧气的需要量逐渐增加,呼吸系统的机能也伴随着呼吸肌力量的增大、胸廓运动能力的增强、肺泡弹性的增强而得到加强。所以,经常进行网球运动能有效地增强人体的摄氧能力。一些高水平的运动员为了适应激烈的比赛,经常要进行一些登山、游泳等运动,以增大肺活量从而促进体能的发展。可见,网球运动是提高呼吸系统功能的一项很有效的运动。

(二)发展身体素质

身体素质是身体发育状况和生理功能状况的综合表现。坚持网球运动可大大提高速度、力量、耐力、柔韧性、灵敏性等各项身体素质,从而提高人体的运动能力。

网球运动有利于提高个体的力量素质。网球拍的质量与其他小球项目的球拍(如羽毛球拍、乒乓球拍)相比较重,这需要用更大的力量去挥动。因此,力量是网球运动的重要素质基础,特别是肌肉的爆发力,在发球和接球时更为明显。经常练习打网球,可以促进肌肉力量的增强。

网球运动有利于发展个体的耐力素质。职业网球运动员五盘三胜的比赛中往往要打满五盘,需要4~5小时的比赛时间。一个运动员若没有良好的耐力素质和坚强的意志,要在高温下进行长时间、高强度的对抗是很难完成的。因此,经常进行

较长时间、较高强度的网球运动,可以有效地提高有氧代谢能力,从而提高耐力水平。

网球运动有利于提高个体的速度素质。网球运动有着"用脚跑的运动"的美称。在比较大的网球场地上进行隔网对抗,进行调动与反调动、控制与反控制的对抗基础便是积极地跑动。这对个体的速度素质不仅是一种考验,也是一种锻炼。

网球运动有利于提高个体的柔韧性素质。网球运动要求动作能够充分伸展,如发球的背弓动作对运动员的肩关节和腰部的柔韧性要求很高。网球运动有利于提高个体的灵敏素质。由于网球运动中来球速度快,路线变化多,所以快速、灵敏、准确的反应能力尤为重要。经常参加网球运动对个体灵敏素质的提高具有良好的作用。

(三)促进人的心理健康

研究表明,适当的运动可以增进体能并增强免疫系统的活化作用。因此,选择适合自己的运动并配以充足的休息,是疏解压力、调节免疫的最佳手段。网球运动由于具备运动强度适当、无身体接触、趣味性强、室内外都可进行等特点,成为人们调节心理健康的重要运动。

(四)提高人的社会交往能力

体育运动既是身心运动,也是社会运动,不仅有利于身心健康,而且对人的社会健康也具有积极的促进作用。网球场上,人们通过切磋球技而相识、交流,球友之间没有年龄的界限,没有性别的障碍,没有门第的高低,网球运动以其自身的特点,对提高人的社会交往能力产生着积极的影响。

知识链接

夏季打网球后快速解暑法

夏季打网球一定会大汗淋漓。面对酷暑,抓住自己身体的几个降温点,保证这些部位凉爽,就能很快使全身都凉快下来。

这些部位一般都是动脉或血管密集的地方,可迅速降低血液温度,带走体内的多余热量。主要是以下几个部位:耳朵、脖子、手臂内侧、手腕内侧、大腿内侧、膝盖后方、脚背、踝关节内侧。

其中脖子和手腕是最佳降温点。感觉热时,用冰袋或者其他低温物放在这些降温点上,或是用凉水冲 3 ~ 5 秒,不一会儿就能驱散热气。

二、网球运动的特征

(一)参与人群的广泛性

网球运动与高尔夫、保龄球、台球并称为世界四大绅士运动,其特有的魅力早已深入人心。网球项目参与人群不受年龄的限制,上至老者,下到少年儿童,均能在球场上充分体验到网球带来的乐趣,所以说网球运动是一种老少皆宜的体育运动项目。

(二)运动负荷的可调性

网球运动对于参加者的体能要求并不高,身强力壮的年轻人可以将球打得又快又重,拼尽全力扑救任何来球;年老体弱的练习者可以把球轻轻地击来击去,根据自己的身体条件变换击球节奏,从而达到锻炼身体、益寿延年的功效,既活动了身体,又愉悦了心情。

(三)运动方式的休闲性

网球运动作为一项绅士运动,得到越来越多的人的喜爱和推崇。近几年中国网球运动人口也在迅速地增加,人们已经把网球运动作为一种休闲、娱乐方式。不同年龄、不同性别的人都可以在网球运动中找到乐趣。

(四)场地器材的限制性

与其他运动相比较,网球场的造价较高,运动本身对场地的要求也较高。可喜的是,近几年中国网球场地的数量正急剧增加,特别是在重视网球的大城市。

(五)运动健身的锻炼性

小球能锻炼球员的反应能力和观察能力。它速度快,能锻炼球员的应变能力以及起动速度;它变化多,则能锻炼练习者的判断力和思维能力。

(六)运动项目的智能性

网球因其球小、球速快、变化多,所以对参加者的智力水准要求较高。球小能锻炼球员的反应能力,这样小的球在很短的时间内发生许多精细的变化,没有"头脑"的人是很难从事该项运动的。所以欧洲人把网球运动称为聪明人的运动。

(七)职业比赛的可观赏性

随着网球赛制和赛程的规范化、场地器材的改变,职业比赛越来越多,球员的技术水平越来越高,他们之间比赛的精彩程度也随之提高,使网球比赛有了更好的观赏性。另外,电视和网络的网球比赛直播也吸引了很多网球爱好者。

(八)心理素质的高要求性

网球比赛在整个比赛过程中都必须是球员自己独立上场,在单双打比赛中不允许教练员在场地进行指导,哪怕是手势也不行,所以没有好的心理素质,要想取得比赛胜利是很难的。

网球运动文化礼仪

网球运动是一项绅士运动，它的魅力与网球礼仪、球员与观众所具备的良好的行为素养密不可分。"尊重网球场上的一切东西"是球员最起码的行为准则，它包括尊重对手、观众、工作人员、服务人员，也包括尊重球网、球柱、球拍、球等。网球运动要求观众也应具备良好的素质，包括尊重赛场上的运动员和比赛过程中所发生的一切。

（一）运动员礼仪

球员参加比赛时，在赛前练球热身过程中有义务为对方的练习提供帮助，任何有意妨碍对方练习的做法都是有失风度的。

比赛结束时，无论胜负都应该主动和裁判及对手真诚地握手。一般是胜者让对方先与主裁判握手。

比赛时不要在球场上摔拍子，不要用脚踢球。

网球场上应该听从主裁判的判决，绝不可以对抗主裁判。

当对手击出好球时，应该为其鼓掌。特别是在比赛中，当对手打出了自己很难击出的漂亮得分球时，应用手轻拍球拍，表达自己为对手高兴的心情。如果打出一记幸运球得分后，要说声"对不起"或者举拍示意，将球拍面向对手以表示歉意。

（二）日常训练礼仪

捡球过程中学会等待。训练过程中，当你的球滚入邻场，而邻场的球员正在练球时，请耐心等待别人练球结束。在击球过程中你若贸然进入场地捡球只会让人感到反感。别人帮你捡球了，不要忘记说声"谢谢"。

要发球时先看一看对方是否已作好了接球的准备，最好举球示意一下。不要不给对方提示就发球，这样对方很可能接不到球，这也是对对方的不尊重。

不要从球网上面跨过，也不要触压球网。

练球时，当对方的回球靠近底线时，应主动告诉对方他打过来的球是界内、界外还是压线。

网球文化礼仪

练球时,当你击球下网或出界时,尽管你不是有意如此,但也应该向对方说声"对不起(sorry)"。

(三)网球观众礼仪

赛前进入观众席就坐,比赛进行中不得走动或者退场。如果观看网球比赛时迟到,应该在球员休息的时候进场,以免影响球员的注意力,干扰比赛。同样,如果在观看比赛的时候离开观众席,也要在球员休息的时候离开。

在球员发球的时候,不要用闪光灯拍照,更不要发出声响,避免对运动员造成干扰。

观看比赛时应避免携带能发出声音的物品,尽量将手机关机或设置在振动状态。从球员开始准备发球到一分结束,观众在此过程中不要随意交谈、吃东西、叫好、喝彩、鼓掌。

服从赛场裁判人员的劝告。当听到主裁判呼报"请保持安静"的时候,应立即停止鼓掌,保持赛场安静。

观众不得随意进入正在比赛的场地,更不能与工作中的裁判员、工作人员交谈,以免影响比赛的正常进行。

落入观众席的球,不要马上扔回赛场,等判定胜负后扔回,更不能向球场扔其他东西。

球员应尊重观众,而观众也应尊重球员,应给参赛双方球员以平等的支持和鼓励。

知识链接

网球球场礼仪

尊重网球场上的一切人与物,这是打网球者最起码的行为准则。它包括尊重对手、观众、工作人员、服务人员,包括尊重球网、网柱、球拍、球,等等。球员品行的优劣是烘托球场气氛的一个因素,也是球员个人形象的一个重要组成部分。如果球员行为粗鲁、不懂得尊重他人、他物,那么再高明的球技也不会带给他完美无瑕的赞誉。

"不积跬步,无以至千里;不积小流,无以成江海。"这是自古流传下来的行为准则。它告诉我们不要忽略小细节。网球初学者可以拿下面一些小事来对照自己,它们并不能成为衡量球员品行修养高低的标准,但却可以在细节上帮助初学者尽快地融入网球场独有的气氛当中去。

1.你的球滚入邻场而邻场的球员正在练球之中,此时你若贸然入场捡球显然是非常不礼貌也是很不安全的。可以稍等一下,待其结束击球后,再快步入场捡球或请其帮忙将球传出来。

2. 有球员正在进行比赛时,其他人不可以进入比赛场区内捡球,并且要尽量避免在球员视线范围内随意走动,否则不仅不礼貌而且还会被认为是"意外阻碍"而影响比赛的正常进行。如果一定要穿越球场,可先站于一边观看,等球成"死球"后再从场边快步通过。

3. 击球时,当你击球出界或还击下网,你的练习伙伴因此也就损失了一次继续练球的机会,尽管你不是有意如此但也应该向对方说声"对不起"。细心的朋友会发现"谢谢"和"对不起"是网球场上使用频率最高的两个词。

4. 打球时最好先看一看对方是否已做好了接球的准备,不要连看都不看一眼就把球发出去完事大吉。如果在练球时这样做,会被认为是对对方的不尊重,也极有可能导致"误击事件"的发生;如果在正式比赛中则可能要被判发球无效、重发球。

5. 练球时应主动承担司线的责任,告诉对方打过来的球是"In""Out"还是压线。

6. 球网忠心耿耿地为双方做着"分界员",所以尽量不要从它上面一跨而过或者将身体压在其上面去捡对面场地上的球,否则网绳很容易因经不住压力而断掉。

7. 球拍是打球人最亲密的伙伴,拿它当架子或坐垫坐,拿它当出气筒乱扔、乱拍别的东西,这都有欠公允。而且一旦令它受伤没准就会妨碍到练球和比赛,理智多一点儿问题也就会少一点儿。

8. 进入网球场一般不允许穿硬底鞋、皮鞋、钉鞋等有损球场表面平整的鞋,鞋底的质地、颜色也以不致在场地表面留下痕迹为宜,赤脚入场打球是被认为有失雅观的。

9. 裁判员与球员之间有时会因界内界外的问题发生分歧,这时候球员应尽量保持情绪上的稳定。如有球印的话可向裁判指出,没有的话则服从裁判。而裁判所要做的是尊重球员的汗水和努力,最大限度地认真裁决每一个球,避免错判、漏判的情况发生。裁判员不仅是场上的执法官,也在一定程度上控制着比赛进行的节奏和气氛。比如在适当的时候,他(她)会请观众坐好("Seat quickly please"),会提醒观众不要用闪光灯拍照("No flash photography please"),也会请观众注意其他事项,如请尊重双方选手("As a courtesy to both players…"),等等。作为观众应留意到裁判员的提示,以免不小心影响比赛的进行。

10. 观看比赛时应尽量避免携带能发出鸣叫声音的物品或关掉其声音。从球员开始准备发球到一分结束,观众在此过程中最好不要随意交谈、吃东西、叫好、喝彩、鼓掌,否则不仅不礼貌,甚至还会影响比赛的顺利进行。

11. 球员应尊重观众。而观众也应尊重球员,应给参赛双方球员以平等的支持和鼓励。如因心理上对某一方球员有所偏好而做出一些对另一方不利的事情,如喝倒彩等,这就显得有些不够宽容和大度了。球员参加比赛时,在赛前练球热身过程中,应把对方视为与己同等的参与者,并有义务为对方的练习提供帮助,任何有意妨碍对方练习的做法都是有失风度的。

网球运动的热身活动

在剧烈的运动前,人的身体需要一个逐渐适应运动的过程,这就需要通过准备活动来使心率、肌肉有一个过渡过程,以此来防止身体受伤。打网球时身体动员的部位比较多,动员的肌肉面积比较大,击球时有很多关键的地方都强调爆发力、强调对抗,但由于有捡球等环节的参与,球员(特别是初学者或业余球员)有比较充分的中隙时间进行休息,所以相对来说打网球只能属于中等强度的运动。可尽管如此,球员也仍然很有必要认真对待热身和放松这两个环节,保证肌肉在具有弹性的状态下进入对抗,在最平和最舒展的状态下回归自然。

(1)打网球时经常需要转动头部,特别是在发球及打高压球动作中,头部更要大幅度后仰才能看到球。所以事先充分做好头部的绕环及前后左右各个方向的低头、抬头、侧头动作,可以防止颈部肌肉拉伤或扭伤。

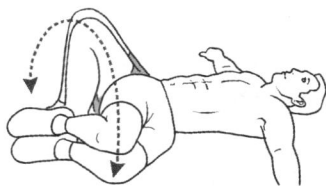

(2)挥拍击球时肩部的压力是很大的,把肩部附近的肌肉、韧带做充分的伸展和牵引可以提高肩关节的灵活性及周围肌肉、韧带的弹性,对预防肩部的损伤能起到积极的作用。两肘关节可尽力后展,特别是在练习发球之前更该做此动作。另外,各种形式的肩部绕环也是很有益处的。

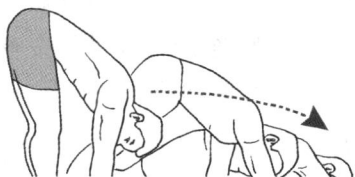

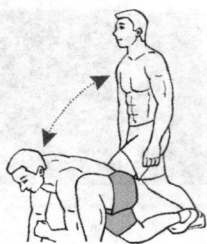

（3）腰部是发力的枢纽,也是疲劳容易堆积的地方。练球前通过各种绕环动作及大幅度的身体前屈、后仰、左右侧屈动作不仅可以使腰部得到充分"启动",更可以使背部及身体侧部的大面积肌肉得到伸展,从而提高动作弹性。另外,尽量大幅度地模仿发球时的背弓及反弹背弓的动作,也可以有效地"唤醒"腰部从而投入到积极的练习当中。

（4）大腿的前后部肌肉是容易拉伤的地方,所以练球之前必不可少地要把它们做一下拉伸。各种形式的压腿、踏腿都可达到拉伸的目的。拉伸大腿时唯一要注意的是"不能骤然用力",应在腿部肌肉能承受的范围内做动作且用力柔和,否则易造成人为的拉伤。

（5）典型的网球热身动作的要领:屈臂一侧的手臂尽量往身体里收,感觉直臂一侧的大臂被拉伸才做到了位,注意左右臂的交替。

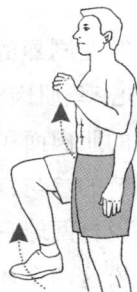

第四节 网球运动的损伤及预防

1.擦伤

擦伤是最常遇到的伤害,擦伤只是皮肤表层擦破,可用消毒水清洁患部,再用无黏性的绷带包扎即可。

2.水泡

皮肤下面长出的淤水小水泡,是因湿气、压力和摩擦力所造成的,可以戴上绒布腕带或在球拍柄上拍粉,这样可以避免手心流汗。

3.跟腱炎

（1）症状:抬脚时脚疼痛,脚后壁肿胀。

（2）紧急措施:用冰块按摩;短暂的休息。

（3）预防和治疗:选手在网球比赛或者训练前充分做好准备活动和伸展运动,尤其是先天性足弱者;挑选合适的球鞋;检查击球时脚步位置的正确与否。患病后,可用冰块按摩或使用消炎注射剂、包扎医疗绷带等方法,严重者须做手术。

4.根尖断裂

（1）症状:足部表面无异常现象但有剧烈撕裂疼痛。

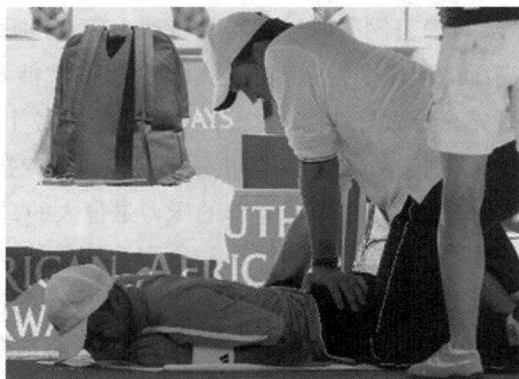

（2）紧急措施：快速用冰水冷却，固定踝关节，抬高患肢，求助医生。

（3）预防和治疗：充分做好热身活动。损伤发生后须做手术。

5. 腰疼

（1）症状：腰部僵直，突发性锐利疼痛；脊柱突出，以致大腿失去知觉，肌肉无力。

（2）紧急措施：中断比赛，热敷疼痛部位，请医生诊断并处理。

（3）预防和治疗：经常加强肌肉锻炼，增加腹部和背部的肌肉力量，建立身体肌肉平衡。损伤出现后做热敷、按摩或椎骨复位。

6. 半月板损伤

（1）症状：半月板突出、变形、剧烈疼痛。

（2）紧急措施：请医生诊断并处理。

（3）预防和治疗：充分做好准备活动，使用护膝，加强膝盖力量练习，选择合适的球鞋，规范技术动作。长期休息，使用消炎软膏、注射剂或手术。

7. 肩关节疼

（1）症状：肩关节在发球、击球、高压球时出现疼痛，甚至手臂痉挛。

（2）紧急措施：停止比赛，短时间固定肩关节。

（3）预防和治疗：平时加强肩部肌肉的训练；赛前准备活动要充分；提高发球、击球、高压球技术动作的正确性。出现损伤后，采用超声波疗法、消炎药物等。此损伤很少手术。

8. 肌肉痉挛

（1）症状：痉挛部位的肌肉突然伴有疼痛和无法控制的僵硬感。

（2）紧急措施：拉伸痉挛肌肉。

（3）预防和治疗：打球时间不宜过长，多带一些含有盐分的饮料，损伤后注意休息。

9. 肌肉拉伤

（1）症状：肌肉有轻微撕裂感。

（2）预防和治疗：做好热身运动，使全身肌肉放松。拉伤后，对伤处进行冷敷，加压包扎。

10. 踝部韧带拉伤断裂

（1）症状：踝部剧烈疼痛。

（2）紧急措施：冷敷，包扎医疗绷带，找医生。

（3）预防和治疗：正确地选择网球鞋；加强肌肉锻炼；运动时戴护踝。出现损伤后，用冷水泡；采用按摩方法。

11. 膝关节疼

（1）症状：紧张剧烈运动或负荷过重时疼痛，伴有水肿。

（2）紧急措施：用冰块按摩；使用消炎软膏、超声波、缠绷带方法。

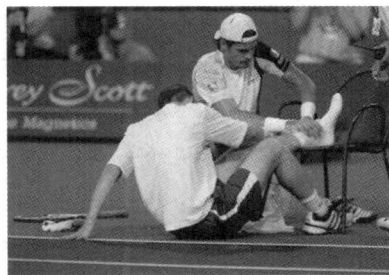

（3）预防和治疗：准备活动要做充分，加强关节力量训练，技术动作正确，加强膝关节的保护，选择合适的网球鞋，使用护膝。

12. 网球肘

（1）症状：肘关节痛，从而转化为整个手臂疼。

（2）紧急措施：停止比赛，用冰块按摩；缠绷带固定肘关节；必要的休息。

体育运动损伤与
防护讲座

（3）预防和治疗：增加臂力练习，纠正错误动作。检查球拍的重量和大小。损伤发生后要进行按摩、超声波疗法、包扎石膏绷带等。

（4）注意：肘部出现疼痛后应立即休息，否则病情会复杂化。

知识链接

三大原因造成运动伤病　业余选手要注意

1. 热身不够

这个问题完全是我们自己可以解决的。很多人打球图爽快，一上来就对着球猛抽。我刚开始打球的时候就是这样的，但是后来发现不热身的危害非常大。所以大家在开始打球之前一定要充分地活动开身体。如果做不到这么长的热身时间，也要充分地活动身体的主要关节，拉伸肌肉。在进行激烈的底线对抽之前，先打一会小场（发球线内对拉），让身体热起来的同时，也可以帮助自己找到更好的手感。

2. 技术动作不规范

很多初学打球的人都有手腕的疼痛感，就是因为击球动作里手腕部用力过多。同时，如果你的某个部位有伤病，也要积极地调整技术动作，保护受伤部位。

3. 最容易忽视的一点：肌肉不平衡

我们每做一个动作，都是内旋肌和外旋肌共同作用的结果。比如，我们正手击球的时候，胸肌剧烈收缩，让手臂向身体方向旋转，同时肩膀后面的肌肉拉伸，控制旋转的进程。但是如果胸肌过于发达，手臂快速内旋的时候，肩膀后面的肌肉就会坚持不住，容易被拉伤，大多数肩伤都是这个原因造成的。

　　网球运动是一项老少皆宜、适合身心健康发展的贵族运动。通过本章的学习，学生能够了解和认识网球运动的基本文化和礼仪，在参与网球运动期间，做一个懂礼仪、有文化的运动员或一名文明的观众。本章也对网球运动的观众在观看比赛期间应该做些什么提出了要求，使网球运动朝着文明健康的方向发展。身体健康才能保证正常的训练和学习，本章对如何预防损伤及损伤后的恢复和保健也做了详细阐述，值得学生认真研读。

　　1.简述网球运动的价值。

　　2.简述网球运动的特征。

　　3.比赛中运动员的礼仪有哪些？

　　4.对"网球肘"怎样进行防治？

　　网球运动导致的肩痛及治疗

　　1.原因分析

　　网球运动的肩痛往往是反复的内在负荷导致的肩袖疾病。年轻运动员的喙肩弓狭窄往往是继发于肱骨头上移后撞击引起的反应性变化。原发的因素在于：①冈上肌腱在加速期和投掷瞬间及减速期时离心性负荷过量。②疲劳导致的生理性衰弱及化学炎症。③血管损伤，永久的腱改变(血管纤维性退变)及经常性撕裂的进程(部分及全部)；病理性改变导致生理及结构的衰弱。④肱骨头失去控制及上移；肩袖是肱骨头控制的关键因素。⑤原发的喙肩弓撞击，多见于三角肌下滑囊炎；肱骨大结节骨赘或侵蚀，肩峰下骨赘，喙肩韧带牵引性骨刺；肩袖的机械性撕裂。⑥肩锁骨性关节炎经常与肩袖腱炎相关。

　　在网球运动的年轻运动员中，纤维化和骨性骨赘是可能的。在50～60岁的娱乐性运动员中，可以存在上述相关的肩峰下变化，但是是次要的(25％)，这个结论被NEER在1972年的报告证实。在这份报告中，仅仅25％的肩袖全厚撕裂病人有肩峰下改变。年老的娱乐性运动员更易形成全厚肩袖撕裂，多数肱骨头上移是这种因素造成的。

　　在现有临床观察的基础上，原发的撞击症在多数病人中不存在。BIGLIAN的报告显示尸体中喙肩弓异形肩峰为40％。我们的外科观察显示在肩袖部分撕裂病人中肩峰下异常为10％(50岁以前不常见)。尽管一个普通的病人可能有异形肩峰导致原发的撞击，我们仍然认为肩袖炎症(当然是在年轻的网球运动员中)最主要的原因在于内在的肌肉肌腱的过度负载，就和身体其他腱的过度负载一样。这个结论也被多数年轻的肩痛病人可以通过休息及康复锻炼被很好地治疗所证实(康复治疗并不能改变肩峰解剖形状),所以治疗应该着眼于减少肌肉肌腱内在的过度负载。而在中老年的娱乐性运动员中,由于肩袖退变导致的肩袖质的变脆,使得肩袖撕裂更容易发生。

2.治疗原则

肩痛最常见的原因是肩袖损伤。肩袖损伤可以分为肩袖腱炎和肩袖撕裂两种。后者需要进行手术治疗。然而幸运的是,绝大多数患者的肩关节疼痛还是因为肩袖腱炎引起的。

肩袖腱炎的治疗可以根据以下步骤:

(1)疼痛和炎症的减轻。

(2)促进损伤组织的愈合。

(3)一般适应能力的提高。

(4)力量负荷的控制。

(5)必要时手术。

3.治疗

首先要减轻疼痛和炎症。对于网球运动导致的肩关节疼痛,减轻疼痛和炎症的方法和治疗其他软组织损伤的方法没有什么区别。可以采用:

(1)休息:休息并不是不活动,而是不要滥用受伤部位,活动以不引起疼痛为限。

(2)冰敷:在疼痛急性期或每次活动后保持冰敷15分钟。

(3)加压:很显然,肩关节加压包扎是比较困难的一件事,但在肩关节疼痛加重时期可以用支具保护。

(4)抗炎药物治疗:抗炎药物可以减轻炎症和渗出,从而减少组织粘连和疼痛。但炎症不能促进组织的愈合与恢复,必须和其他治疗措施同行。

(5)理疗:微波、激光、高压电刺激可以有助于减轻炎症和疼痛,促进恢复。

促进恢复的目标是促进血管和纤维细胞长入,使胶原沉积,并促使疤痕成熟。可以在炎症控制、疼痛减轻后(一般在受伤1～3周)通过以下步骤进行治疗:

①康复性练习:主要是多次低强度的抗阻力力量训练,包括水中练习、柔软的体操动作、等动训练、等张训练、静力性训练等。必须注意的是要避免再次受伤。

②高压电刺激。

③躯干的有氧运动和全身性一般适应能力的提高。

④防止受伤部位滥用。

　　乔宁、李先国、黄念新主编的《网球运动教程》共 7 部分内容，在阐述网球运动的特点和发展的同时，对网球运动的装备也做了详尽的介绍，突出了实用性。"教学"一章主要是针对一般教师和学生提出较为详细的教学理论知识、练习方法、技巧和常见错误动作的改正方法等。战术训练章节主要针对网球教练员和运动员而提出的系统的身体、心理以及专项技战术训练的理论、方法和在比赛过程中的一些应变措施等，对于运动员取得良好的比赛成绩具有一定的参考、借鉴作用。

第三章
网球运动基本技术

【学习目标】

　　了解网球运动基本技术的概念、分类；了解各项网球技术的动作原理、动作结构和特点；掌握各项网球技术的动作和要点；掌握各项网球技术的训练方法；掌握各项网球技术在比赛中的应用。

【学习任务】

　　1.学习网球运动基本技术的概念、分类，形成对网球技术初步的认识。

　　2.了解各项网球技术的动作原理、动作结构和特点，为掌握网球技术打下良好的理论基础。

　　3.掌握各项网球技术的动作和要点，对网球技术有进一步的认识，形成自己的技术风格。

　　4.掌握各项网球技术的训练方法，使网球技术得到有效的提高。

　　5.掌握各项网球技术在比赛中的应用，能够组合各种技术，形成各种战术。

【学习地图】

　　网球运动基本技术的概念、分类⇨各项网球技术的动作原理、动作结构和特点⇨各项网球技术的训练方法⇨各项网球技术的动作和要点⇨各项网球技术在比赛中的应用。

网球运动基本技术解析

一、网球运动基本技术的内涵

　　网球运动基本技术是指单个或几个技术动作外形在时间、空间上及人与球之间位置关系上完成的情况。在空间上表现为动作的方向、高度、幅度及人与球之间位置关系、攻防队员之间的位置关系等；在时间上表现为动作的顺序、速率、节奏等。网球的基本技术包括握拍法、正手击球、反手击球、发球、接发球、截击球、高压球、切削球、挑高球、步法等。

　　网球运动技术是符合人体运动科学原理，能充分发挥身体的综合潜在能力，有效地完成动作的合理方法、技巧、体能和手段。网球技术不是绝对的，而是相对的。人们都知道技术发展主要受两个因素制约：其一受规则的制约，其二受器材的制约。而人们对规则和器材的认识也只能说是一个相对的真理，如对球拍的认识，经历了木质球拍—铝合金—碳纤维—玻璃纤维—高级航天航空材料的过程。而球拍的变革使运动员的技术水平有了很大的提高，发球速度的增加、击球速度的加快，使网球技术发展到一个新的阶段，形成了力量型、速度型、智慧型的球员统治网坛。可以预测，随着材料科学、物理科学的进展，网球场地器材也将向着更合理的方向推进，这也必然促进网球技术更逼近真理。另一个方面，从技术与战术的运用方面也经历着逼近真理的过程。

二、网球运动基本技术的分类

　　网球技术体系好比一栋框架式结构的建筑，主要由两部分组成。按该技术是否直接控球进行分类，可将网球技术划分为无球技术与有球技术两类。前者包括各种步法与握拍法，其功能在于为击球服务，相当于建筑的地基部分。后者包括各种击球技术，其功能则以控球为核心，相当于建筑的各楼层。

　　有球技术是指击球技术，如果常规地将正手与反手、落地与凌空、平击与旋转作为分类标准，那么，把击球技术合理分类就相当困难。分类的前提条件就是概括，因此，概括性的操作规律与特点就必然成为最能反映击球技术类别特点的标准。以特定环境与任务中的特定动作方式为标准,网球技术可分为三大类:其一为抽击类技术,它包含单手或双手的正反手落地与凌空抽击,可以制造出平击(无旋转或少量上旋)、上旋、侧旋等旋转,可以打出各种线路与弧度,是最常见的击球技术。其二为撞击类技术,即强调撞击感的借力型技术,它包括截击与切削两大类。其中,前者主要用于凌空(包括半截击)处理中前场的低球与半高球,而后者则主要用于处理中后场的落地球。其三为高击类技术,即在头顶高处完成击球的技术,它包括发球与高压两大类。其中,依击球旋转的不同,发球又分为发平击球、发上旋球与发侧旋球(侧上与侧下)三类。

三、网球技术的特点与要求

(一)手法上的一致性特点

无论是底线正反手击球技术还是网前截击等技术,在击球时,其身体姿势即准备姿势,引拍动作和挥拍动作的前期都要尽可能做到相同或相似,以达到动作一致性的要求。要想成为优秀的网球选手,必须掌握手法的一致性,才能在赛场上随机应变,给对手构成威胁,从而使对手在击球之前不敢贸然行动或不能作出准确判断。手法的一致性,能够给对手造成预判失误,使对手陷入被动的局面。

(二)手法上的灵活与突变性特点

手法是网球技术的关键,能否灵活运用手指各关节的发力及其协调性,是手法突变性的前提。在手法一致性的条件下,当发现对方提前移动,准备接本方即将击出的球时,可以突然改变最初想要做的动作,打出另一种球路,使对方因重心偏离而来不及作出反应。

(三)步法的全方位特点

网球步法由垫步、并步、跨步、蹬步和跳步五种基本步法构成,并由这五种基本步法组成向前、后、左、右的全方位步法。只有这些基本步法组合得合理和掌握得协调,才能更快地达到击球的方位及争得主动权。

网球步法练习

(四)步法的快速和灵活特点

步法的起动、移动、制动和回动各个环节必须快速灵活。只有提高快速移动的能力,才能在比赛中争得更多的主动权,反之,步法迟缓的球员必将在比赛中处于被动地位。手法的一致性和突变性特点与步法的快速和灵活性特点相辅相成,只有根据赛场情况的变化,及时地调整和改变步法的组合及其幅度、频率,才能变被动为主动。

根据网球技术的这些特点和比赛中的实际需要,在手法和步法的训练中要努力达到以下要求:

1. 手法上的要求

手法上要求全面、细腻、灵活,出手动作具有隐蔽性、一致性和突变性,做到真假结合,而且落点凶狠刁钻。

2. 步法上的要求

步法上起动、移动、制动、回动,攻防转换要快,前后场连贯步法要快速、合理、灵活和协调。

第二节　网球技术的指导思想

网球技术的指导思想是在长期的运动实践中总结出来的,是掌握网球各项技术应遵循的基本原则。本书根据网球运动自身的特点,借鉴其他隔网对抗类体育项目的特征,概括出网球运动的指导思想:全面、熟练、准确、实用。

一、全面

全面指运动员掌握网球攻防技术的全面程度。发球、接发球技术,正手、反手技术,底线、网前技术等都必须全面掌握,不能有明显的技术漏洞;否则,在比赛过程中,一旦被对手抓住弱点,就可能导致比赛失利。

二、熟练

熟练指运动员完成技术动作的娴熟和自动化程度。在全面掌握基本技术的同时,选手要有自己的特点和优势,如发球和网前技术好等。只有熟练地掌握各项技术,在比赛中才能动作轻松、省力,不失常、不失误,才能在紧张、激烈的比赛中稳定地发挥出自己的各项技术。

三、准确

准确指运动员掌握技术合理,动作规范,控球能力强,准确性能高。网球是一项技术性很强的运动项目。由于场地规格较大,防守和进攻的面积也相应较大,往往需要选手在移动过程中把球击过网,准确地落到自己想要的区域,这就需要运动员具有良好的手感和较强的控球能力。

四、实用

实用指运动员的比赛意识强,技术动作简练,适应对方球路的能力强,技战术运用效果好,讲究质量和实效。简单、实用地合理运用各项网球技术,是网球选手聪明的打法,同时也能够节省大量的体力。

构成网球技术指导思想的四个方面是一个统一的整体,它们是相互影响、相互促进和相互制约的关系,不可偏废任何一方面。

第三节 网球运动的无球技术

网球运动的无球技术包括握拍法和步法。

一、握拍法

握拍是网球运动中所有击球的基础。手握在八边形的球柄上的方式会很大程度地影响到每一次击球(图3.1)。握拍决定了击球时的角度、接触球的位置,还会影响到打球时的步法、打出去的球如何转动以及击球时所习惯的场上位置。握拍最难的部分是如何选择。事实上,没有最完美的握拍方式,每一种握拍都有它的优点和局限。但针对特定的击球方式或打球风格,某些握拍方式明显好于其他。下面我们将介绍各种握拍方法以及它们的优缺点。

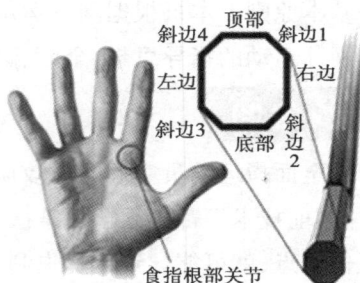

图3.1 握拍方法

有许多方式去解释某种特定的握拍方式,但最简单和可靠的方式是将食指根作为参考点。每种握拍方式都给出了底部视角的图解,分为4条主边和主边间连接的4条窄斜边。

(一)大陆式握拍

大陆式握拍是一种可以用来做任何击球的握拍方式。但这种用法从长袖衣裤网球时代后就不再是通用标准了。大陆式握拍主要用于发球、网前球、过顶球、削切球以及防御性击球。大陆式握拍就是将食指根放在第一个斜边上,使虎口的"V"形在拍柄上部;如果是左手则把食指根放在第四个斜边上(图3.2)。

1. 优势

这种握拍方法使拍面稍微开放,能够击出下旋球,并在比赛中使球得到更好的控制,这使它成为处理网前球的最好方式。当在网前快速处理回击球时,大陆式握拍方式就显得非常实用。大陆式握拍法的拍面与地面接近直角,这使它的击球区较低,也更加靠近球员的身体,所以这种握拍方式对防御球、低球,或是击打反弹球具有很大优势。

2.劣势

大陆式握拍方法可以击打出力量较大的平击球和前冲力很强的下旋削球,但是难以打出高质量的上旋球。正是由于这些因素的存在,大陆式握拍击球的不稳定性也是极为常见的问题。

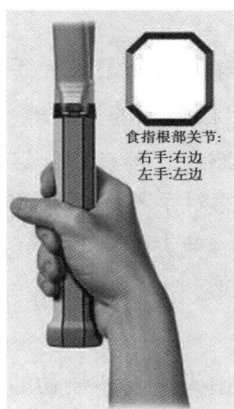

食指根部关节:
右手:斜边1
左手:斜边4

图 3.2　大陆式握拍

(二)东方式正手握拍

东方式正手握拍是指五指自然分开平放在球拍面上,然后下滑握住拍柄;将球拍平放在桌面上,抓起球拍。这些小技巧都可以让你快速掌握东方式握拍方法。更有技术性的窍门是先用大陆式握拍,然后将你的手顺时针转动(左手时逆时针转动),使得食指根搭在主边上(图3.3)。

食指根部关节:
右手:右边
左手:左边

图 3.3　东方式正手握拍

1.优势

通常东方式握拍用来学习正手。它很灵活,让球手能够轻易击出上旋球或更有威力的平击球或穿越球。它能非常快速地换到其他握拍方式(图3.4)。

2.劣势

东方式握拍比大陆式握拍的击球区域要高和远离身体,但仍然不是回高球的好选择。由于更适于平击球,所以稳定性仍不高,难以应付连续相持球。

(三)半西方式正手握拍

从东方式握拍顺时针转动(左手握拍逆时针转动)手掌,直到食指根放在下一条斜边上,这时的握拍就是半西方式握拍。这种握拍方式在强力底线型职业选手中盛行,而很多职业教练也会鼓励他们的学生使用这种握拍方式(图3.4)。

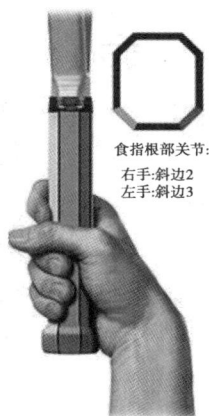

食指根部关节:
右手:斜边2
左手:斜边3

1.优势

半西方式握拍与东方式握拍相比,能够击出更强的上旋球,使击球更为保险和受控,特别是在放高球和小斜线球时。球手用这种握拍法可以自由地选择在击球时加入上旋。它的击球区域会比东方式离身体更高更远一些,所以用它打半高球会有更好的控制和进攻性。

图 3.4　半西方式正手握拍

2. 劣势

使用这种握拍方式比赛时,处理贴近地面的低弹跳球具有一定的局限性。虽然使用半西方式握拍能够打出较强旋转的上旋球,增加了回球的稳定,但是球的前冲力量大大减少了,回球质量不高就不能给对手造成回球压力。因此,这种握拍方式的运动员都是底线型打法,比赛中对运动员的体能储备也是巨大的考验。

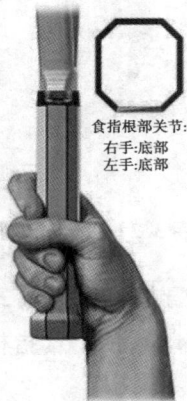

食指根部关节:
右手:底部
左手:底部

图 3.5 西方式正手握拍

(四)西方式正手握拍

从半西方式握拍顺时针转动(左手握拍逆时针转动)手掌,直到食指根放在下一条斜边上,这时的握拍就是半西方式握拍。从拍柄方向看过去,你的食指根放在拍柄的底边上。这使得你的手掌几乎完全位于拍柄下方。这是红土场专家或者喜欢打上旋球的选手的最爱(图3.5)。

1. 优势

这是一种极端的握拍方式,击球时接触球的时间最长。手腕的位置迫使球拍完全地抽击球的后部,打出极强烈的上旋球。这种方式击出的球可以高高地越过球网而仍然落在球场中。这样的球通常落地后弹跳得又高又快,使得你的对手不得不在离底线很远的地方回球。这种握拍方式的击球区域会比之前介绍的任何一种方式离身体更远和更高。

2. 劣势

低弹跳球是这种握拍方式的克星。击打低弹跳球时,需要有极快的拍头速度和强劲的腕力才能击出一定速度和旋转的击球。否则回球会出浅,并且被对手抓住机会进攻。对大部分业余网球选手而言,这种握拍很难打出平击球,因此将球打远也成了一个问题。与半西方式同样,到网前进行高压球和截击球时,转换握拍方式是主要的问题。

(五)东方式反手握拍

从大陆式握拍逆时针转动手掌(左手请顺时针转动),将食指根放在第4个斜边上,整个手几乎都在拍柄的上方(图3.6)。

1. 优势

就像东方式正手握拍,这是一种有很好手腕稳定性的灵活的握拍方式。既可以用它打出一定的上旋球,也可以打出富有穿透力的平击。有些球手能够用东方式反拍打切球,如果不行,从东方式换到大陆式也相当容易。这种握拍可以用来打上旋发球,而且需要上网截击时,这是一种能快速转换到大陆式握拍的方式。

2. 劣势

食指根部关节:
右手:斜边4
左手:斜边1

图 3.6 东方式反手握拍

在能够有效处理低球的同时,这种握拍方式却不能很好地处理比肩高的上旋球。

（六）超东方式/半西方式反手握拍

超东方式/半西方式反手握拍与西方式正手握拍对应，从东方式反手握拍开始，将手反时针转动（左手请顺时针转动），直到食指根移动到拍柄的下一条边上（图3.7）。

这是一种进阶的握拍方式，只有那些更强壮更有技巧的球手会选择使用。

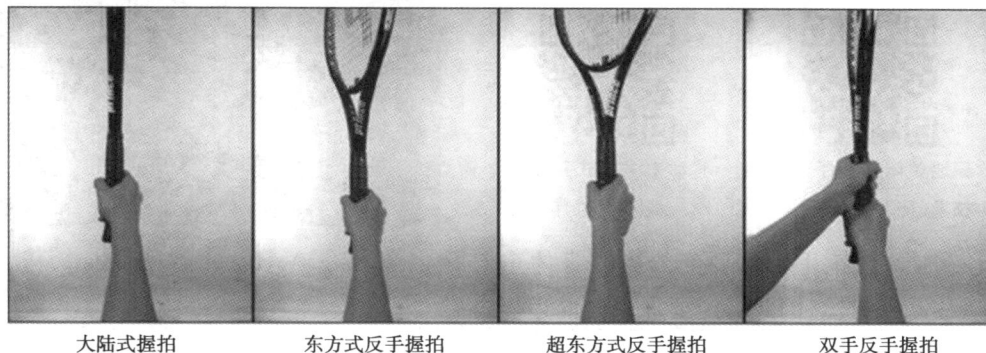

| 大陆式握拍 | 东方式反手握拍 | 超东方式反手握拍 | 双手反手握拍 |

图3.7　超东方式/半西方式反手握拍

1.优势

它比东方式反手握拍有更关闭的拍面，使得击球区域更高，离你的身体更远。这种握拍方式更容易处理高球和击出上旋回球。

2.劣势

它的局限类似于西方式正手握拍，不适合处理低球。而且由于它是相当极端的握拍方式，当转换到网前截击的大陆式握拍时，缺少灵活性。

（七）双手反手握拍

双手反手握拍的基本方式即右手采用大陆式握拍法，左手采用半西方式正手握拍法。右手在后，靠紧拍柄末端，左手在前，紧靠右手，握在拍柄上。其特点相当于右手做反手击球，而左手做正手击球。

1.优势

这是底线型打法的球手最好的选择。与单手反拍相比，球的稳定性更强，能够更好地控制回球方向，增加球的旋转。双手反拍击球技术无论对业余选手还是专业选手都非常实用，能够更好地保持击球时身体的平衡，从而打出高质量的回球。

2.劣势

它的难度大，极度消耗体力。因其整个前挥距离短，击球控制面小，相对扩大了对手的攻击面。

二、步法

在网球练习中，虽然有很多人都知道"网球是用脚打球的"，但真正地理解、重视并合理地运用步法的人却很少。尤其是广大业余网球爱好者，经常会看到他们有的退身打球，有的边打边跑,有的类似羽毛球的同侧跨步救球等一些非正规的网球步法。为了解决这些问题,让大家重新认识网球步法,并进行正确的练习,在此向大家介绍各项网球击球技术的步法。

(一)正手击球的步法(图3.8)

原地关闭式正手击球
技术(徒手动作)

移动中关闭式正手击
球技术(徒手动作)

图3.8 正手击球的步法

(1)东方式正手击球要充分利用身体重心的前后移动来打球,因此一定要保持向前迈步击球的步法。一般常采用关闭式步法,侧身迎接来球。击球前重心在后脚,击球时重心移至前脚。

(2)西方式正手击球因为主要用转肩的力量来提拉上旋球,所以击球时重心落在后脚上,常采用开放式步法击球。

原地开放式正手击球
技术(徒手动作)

移动中开放式正手击
球技术(徒手动作)

(二)反手击球的步法

(1)单手反拍击球时,右脚要跨过左脚,保持背对来球,击球时重心在前脚。

(2)双手反拍击球基本有两种站姿。一种是侧对来球站立,一种是双脚对球网开放式站立。

原地关闭式反手击球
技术(徒手动作)

移动中关闭式反手击
球技术(徒手动作)

(三)发球的步法

发球时无论是在右区还是在左区,都要保持左脚的脚尖指向右网柱,并且两脚尖的连线指向相应的发球区。开始挥拍前,重心在前脚,然后随向下向后的挥拍而同时将重心后移,再随着上举球拍向前蹬腿,利用重心前后移动的力量来增加发球速度。另一种是后脚靠近前脚的发球步法:随着上举球拍的结束,准备向上击球之前让后脚靠近前脚,平稳地向前移动重心,保持双脚同时向上发力击球。

(四)截击球的步法

正手截击球针对三种不同情况的来球,有三种步法:第一是恰好在正手击球位置的来球,同手击球步法一样,向前跨出左脚,侧对来球迎击;第二是稍远离身体的来球,采用左脚跨过右脚的步法击球;第三是直接奔向身体的来球,要迅速后撤右脚,再顶住右脚用重心前移来挡击球。反手截击球步法与正手截击球步法相同,只是左右脚相反运动即可。

(五)高压球的步法

高压球时一定要保持侧对来球,右脚与底线平行,左脚尖稍指向右网柱。常用的高压球步法有两种,一种是向后侧滑步法,一种是侧后交叉移动步法。

(六)场上击球前的移动步法

在比赛中,很少有球直接送到你的身边,让你稍作脚步调整就可击打出高质量的回球。大多情况下需要你准确地判断来球方向,不断地调整脚步,找准合理的击球位置,准备挥拍击球。因此,场上的移动步法是非常重要的,除了一般的跑动外,常见的还有滑步法和左右交叉步法。

1. 滑步

滑步常用于前后移动不太远的正反手击球。这里请注意一点:滑步的同时,应提前引拍,最好做到保持向后引拍的姿势移动。具体的步法要点是,向前移动时,蹬出右脚的同时向前跨出左脚,连续向前即形成前滑步步法;向后移动时,左脚后蹬的同时向后迈出右脚,连续形成后滑步步法。

2. 左右交叉步

左右交叉步常用在两侧边线附近的来球。向右移动时,向右转体,左脚先向右前方跨出,交叉于右脚外侧前方,再跨出右脚;继续跨出左脚于右脚外侧,反复向右交叉移动,就是右交叉步步法。向左移动时,方法与向右移动相同,左右脚方向相反,就是左交叉步步法。

网球敏捷梯步法训练

网球最佳击球点

在正手侧,网球初学者应想象向着来球往前推送手掌。通过想象自己挥拍,每位网球初学者都能确定自己正手最佳击球点。网球初学者应侧向球网,在重心位于前面的脚,且拍面正对场地中央时停止挥拍,这就是推荐的正手击球点。它恰恰在前脚的前方。

对于单反,网球初学者应重复想象中的挥拍。侧向站位,准备好击球,当拍头挥到前脚的前方一点后停止挥拍动作,拍面仍应正对球场中心。这就是单反最佳击球点。对于双反,击球点基本与正手相同。

初学者技术还没分化出来,打球应尽量简单,所以先打熟一个击球点是有道理的。如关闭在前脚线前、开放在双脚连线前迎击来球。

另外,按逻辑学,位置是基本属性而时间仅是种差,所以击球点是指位置。击球点有前后、左右、高低的位置要求。三维中,前后最重要。不管哪种站位,击球点的前后位置一定会靠近支撑脚,因为击球需要稳固的支撑。

最后,击球点的位置决定站位,而不是站位决定击球点的位置。在一般情况下,支撑脚的蹬伸会与击打同时发生,这一现象反映了力量由身体中段向上下两端传递的顺序。

第四节 网球运动的有球技术

一、发球

发球技术(徒手动作)

在现代网球技术中,发球是最重要的技术之一。发球是网球比赛中每一分的开始,它是网球技术中唯一不受对方制约的技术。好的发球不仅可以直接得分,而且还能够发挥出个人的特点,用以控制对方,最大限度地施展自己的战术意图。为此,运动员必须比较全面地掌握各种发球技术,以在比赛中争取主动。发球分为平击发球、侧旋发球和上旋发球三种。

图3.9 发球动作分解图

（一）握拍法

发球一般采用大陆式握拍，但初学者可用东方式正手握拍法。当手腕力量增强，发球动作熟练后再转换成大陆式握拍。

（二）发球的动作要领

1. 平击发球

平击发球在所有发球类型中是球速最快的发球方式，也称为炮弹式发球，常被世界顶尖选手在一发中采用。这种发球虽然力量大，速度快，威胁大，但准确率、稳定性较其他发球方式低（图3.9）。

（1）准备姿势与挥拍：站位在端线后靠近中场标记处，两脚开立与肩同宽，前脚与端线成45°，重心在前脚，身体自然放松，左肩侧对着球网，左手持球轻托球拍在腰部，拍头指向前方，呼吸均匀，注意力集中。

上手上旋发球

抛球手拇指、食指和中指3指轻轻托住球，掌心向上。当球拍向下向后引拍时，抛球手同时下降至左腿处，紧接着当球拍从身后向头上方做大弧度摆动，身体做转体、屈膝、展肩时，坚持手在身前左脚前上举，直至伸直高过头顶。抛球动作要协调、平稳，球送至最高点再离开手指顺势到空中。此时右肘向后外展约同肩高，拍头指向天空，左侧腰、胯成弓形，身体重心随着抛球开始先移向右脚，然后平稳地开始前移。

（2）触球：当左手抛出球时，球拍继续向上摆起，这时握拍手的肘关节放松，可以使向前转动的身体和右肩自动化地使手臂产生一个完美的绕圈，当球下降至击球点时，迅速向上挥拍击球，前脚上蹬，使手臂和身体充分伸展。挥拍击球时，持拍手腕带动小臂有一个旋内的"鞭打"动作，这就是发球发力的关键动作，也是其他力量集聚的总和。

击球点应在身体的右肩前上方，以拍面中心平面对准球，击球的后中上部。此时手腕的向前抖甩和前臂的旋内"鞭打"非常重要，身体充分向上向前伸展，以获得最高击球点，提高发球命中率。

（3）随挥动作：球发出后，身体向场内倾斜，保持连续的完整的向前上方伸展的随挥动作。球拍挥至身体的左后方结束，重心移向前方，做到完全自然地跟进并保持身体平衡。

2.发上旋球

发上旋球时,由于它过网时弧度高,落地后反弹更高,所以接发球的失误率较高。场地地面越粗糙,球的反弹越高(图3.10)。

(1)准备姿势与挥拍:发上旋球时,通常将球从头上或稍靠头部后面抛向左肩上方(用于右手持拍者)。上体稍向一侧转动并形成一个弓身,上体继续后倾。

(2)触球:身体朝击球方向向上向前转动。从球的后面将球从发球手头部左侧击出,球拍挥动的弧线向上,在球的一侧的上部击球。

注意在击球时身体尽量后仰成弓形,利用杠杆力量对球加旋转,击球时球拍快速从左向右上方挥动,从下向上擦击球的背面,并向右带出,使球产生右侧上旋。

图3.10 发上旋球示意图

(3)随挥动作:随挥动作的第一部分更偏向右侧。初始阶段球拍继续向外向右挥出,上体稍微倾向左侧,然后转向击球方向。左脚落地并支撑球员身体的重心,同时右脚自然地抬起。

3.发侧旋球

发侧旋球时,球拍移动的轨迹是平直的,产生的旋转是侧旋。

(1)准备姿势与挥拍:发侧旋球时,通常将球抛向正前方稍靠右侧(右手执拍者)。上体略向一侧,并继续后倾。

(2)触球:击球点靠近球的中心和后部,球拍向上切球。身体朝击球方向向上向前转动,同时上体向前急转,球拍成一侧角向击球点回去。触球点稍靠右。

(3)随挥动作:上体朝球方向随着球的轨迹移动,右脚落地并支撑球员身体的重心。

上手侧旋发球

网球发球慢动作

知识链接

发球中最基本的要领

把球发好,有许多注意事项,其中五个方面尤其重要:

1.抛球时,抛球手臂要尽可能伸直,球是被托起来的而不是扔出去的(就像端着一杯水向上,不能让杯中的水洒出来)。

2.持拍手臂的肘部要随抛球动作一起抬起,与两个肩膀处于同一水平高度。

3. 转动肩膀,持拍肘部呈倒"V"形。

4. 抛球的落点要略微进入球场,恰好在持拍一侧肩膀之上。

5. 球拍要在身体完全伸展的时候来到击球点,击球瞬间别忘了沿顺关节扣动手腕,整个球拍击球过程就像画一个垂直于前方的圆。

发旋转球的奥秘

发球时,对球施加越多的旋转,就越容易控球,而且稳定性也会越高。休闲球员经常有两个错误的想法,那就是第一发球应该要强而平,第二发球应该要施加旋转。事实上,所有的发球都应该施加旋转。不用说,第一发球使用强劲的平球是不明智的。

一则棒球的格言说:投手应该投一些慢球才能够让他的快球显得更快。这样的格言也适用于网球。结合速度与旋转将让你的发球局更有效率。

为让你的发球得到更多的旋转与动力,以下是 6 个你可以尝试的方法:

1. 加快拍头速度

职业球员发平球的力道稍稍有减弱,以维持一定的控制与准确性。但发旋转球时,不论是侧旋或上旋(往前旋转),世界上最佳的球员都会尽全力地去打。由于带有旋转的发球比平击的发球具有更高的过网空间,所以它的安全性也高了很多。此外,旋转也给你更大的方向控制。总之,旋转增加了球的稳定性。

但休闲球员在发侧旋或上旋球时几乎都把他们的拍头速度放慢下来。

事实上,他们应该刚好相反:你的拍头速度越快,你能够对球施加的旋转就越多,发球的控制性也就越好。因此你应该追求最大的拍头速度。

2. 刷球

当你发球时,你的球拍是否会发出嗖嗖的声响?如果是的话,那就表示你有足够的拍头速度可以发上旋球。发上旋球的关键在于由球背往上打。以下的练习可以让你在发上旋球时感到更为自在:

单膝跪地并打几个发球。从这个单膝跪地的姿势,你的击球点高度只不过比球网高几英寸而已。如果你直直打的话,球将挂网。你一定要往上打,给球一些提升,球才能够过网。把球想成是一个钟面。如果你是右手持拍者,你要从 7 点钟的位置刷向 1 点钟;左手持拍者应该从 5 点钟的位置刷向 11 点钟。如此的发球将没有巨大的劲道,所以不要担心速度的问题。用单膝跪地的姿势打约 10 球,然后站起来并以相同的动作发球,过网应该不再是个问题。而这样的旋转会让你的发球在落地之后弹高。

3. 克服握拍恐惧症

发球的握拍方式对于你能赋予球多少旋转有很大的影响。初学者以及没有经验的球员几乎都觉得以打正拍的握法来发球比较自在,因为它加大了拍面的击球面积。但有经验的球员都知道,这样的握拍是无法得到旋转的。

为让你的发球更具有动力,就要使用大陆式或东方式反手握拍。虽然这两种握拍都让你感觉像是要以拍框击球一样,但它们才是正确的握法。做大陆式握拍时,拍面与地垂直,右手持拍者必须把食指的底关节置于握把的右斜面,左手持拍者则必须把左食指的底关节置于握把的左斜面。

然而,如果你一直使用大陆式握拍,却想要更多旋转的话,你应该把你的食指底关节滑向握把的正上平面,也就是把大陆式握拍转向东方式反手握拍(注意:每根手指之间要保持一点空隙并避免握拳)。

4. 调整你的抛球

抛球位置的明显改变有可能被经验丰富的对手察觉出来,但抛球位置的改变却可以让你更容易得到更多的旋转。

举例而言,把球抛于较靠主力侧并离开身体的位置将让你更容易横向地挥过球背并产生额外的侧旋。请记得:不要绕着球的外侧做切球的动作,而是要横向地刷过球背。

把球抛于非主力侧或抛于头上会使你更容易打出上旋发球。你的身体将位于球的底下,使你能够直接从球的底部往上刷。

5. 发侧旋球,要保持手部外转

要发出侧旋球,大部分人认为他们必须把他们的手与手臂向内转,这是错的。当你要以球拍的网线绕着球的外侧切的时候,球早就飞出去了。反之,你要侧向地刷过球背并持续手与手臂的外转。

当你打侧旋的发球时,你要如何确定你的手与手臂是向外转的呢? 当你送拍时,如果你的拇指朝下的话,你的手与手臂就是向外转。如果你的拇指朝上的话,你的手与手臂就是向内转,你就打不出你所要的旋转。

6. 放松

球场上的职业选手看起来好像绷紧了他们的手臂肌肉,但他们真正所做的却是保持手臂的放松,如此他们才可以在发球之中达成"鞭打"的动作(Whipping Action)。反之,休闲球员则倾向于把球拍握得太紧,绷紧了他们的手、手腕和前臂的肌肉。结果,他们失去了转动手腕的能力,而手腕的转动是产生拍头速度与获得旋转的关键。

二、接发球

网球的发球和接发球是相互对抗、相互制约的一对孪生技术。对于一名网球选手来说,一场比赛中大约一半的得分是从接发球开始的。

(一)接发球动作要领(图 3.11)

正手接发球技术　　反手接发球技术

1. 握拍

面对一个快速发球向正拍方向发来，一般是以东方式的正手握拍为好；如果球向反拍方向发来，只须向左边转动一点球拍，即变为东方式反手握拍。在接球的一刹那，手指要用力握拍，以保证球拍的稳定。

2. 接发球的站位

站位在接第一发球时，可站在端线外 1 米左右的位置，以便接对方发来的较强硬的球。接第二发球时可向前移动些，站在端线或场内，如果已经知道对方善于发自己右手一边球时，可向角平分线的右边站些；如果自己的反拍球不太好，在右区接发球可向角平分线的左边站些。在左

图 3.11　接发球示意图

区接发球时，可站在左边的边线上，以保护自己的反拍球，发挥正拍接发球的威力。总之，接发球的站位要根据自己的击球特点和自己的反应、判断能力、场地种类以及对手发球的威力大小等决定，站在最有利的位置上。

3. 准备姿势

准备时身体放松，两臂自然前伸，肘关节微屈，一手持拍，一手扶拍顶，拍头向上在眼睛水平部位，两脚左右分开稍比肩宽，腿向前弯屈，身体重心放在两脚的前脚掌上，两脚可以做分腿垫步，目的是能及早起动。

4. 击球（以右手执拍为例）

当判明来球是向右方向时，即向右转动双肩，并马上向前踏出左脚，迎上去用正手接球。击球时肘关节抬起并离开些身体，拍面与地面垂直，后挥动作要小，手腕要固定，在身体前面击球。在球拍与地面成 45° 的角度时向前上方挥击，并加长前送动作，力求将球打深，随挥动作应在高处结束。

在接反手球时，是用左手手指扶着拍颈，左肘抬起，以左肘关节作为前导，随着球拍向后，在左手手指的帮助下使拍面正对着来球，击球时拍面略向外倾斜，挥拍路线为高、低、高。击球后随挥动作是向上的，整个动作就类似于一把反转过来的弓。

5. 步法

接发球时，注意力一定要集中在对方发球上，迅速判断出正拍还是反拍，然后迅速地向球的方向移动。如果球速很快，不要本能地向后退，需要在接发球之前就调整好接发球位置，找到最舒服、最有利的接发球位置，以便在接任何位置的发球时都能向前迎击球。

费德勒教你提高网球接发球技术

费德勒的接发球技术——反手,从分腿垫步开始转体,在对手发球之前完成分腿垫步,双脚着地。分腿垫步正是体现了"运动中的物体只要不受外力作用,将一直保持其运动状态"这一牛顿运动定律。不是运动状态停止,以灵活应对来球。

1. 紧紧盯住来球,尽早对发球的类型作出判断

左膝弯曲更深一些,右脚稳踏地面,成为身体稳定的基石。引拍较高,为了配合击球节奏,有时也会降低引拍高度、弧线进行引拍。

2. 引拍至头部高度的位置,左手手指一直扶在拍顶上,以保证球拍的稳定

从他的东方式握拍来看,似乎要打反手,但实际上他的左手只是轻轻握住拍颈,可以很容易地变换握拍方式打正手。腰部以及颈部转动的同时进行正手引拍。左肩转至下颌位置,头部保持稳定,这样更容易紧盯来球。在这之后,请大家注意他的头部位置没有任何变化。

对手发球的速度越快,越要迅速作出正确的反应。分腿垫步正是在保持身体平衡的同时,使身体能够随时向各个方向作出迅速的反应。作出打正手的决定后,在腰部以及肩部转动的同时,使身体能够随时向各个方向做出迅速的移动。

(二)正手击球

正手击球是网球技术中最基本的技术。由四个环节组成,即:准备姿势、转肩后摆引拍、挥拍击球、前挥跟随(图 3.12)。

正手击球技 正手击球技
术开放式   术关闭式

图 3.12　正手击球示意图

1. 准备姿势

两脚分开与肩同宽,双膝微屈,两眼注视来球,上体前倾,重心落在前脚掌上,右手持拍于腹前,左手扶拍颈,拍面稍高于柄。

2. 转肩后摆引拍

球飞来时左手马上推拍,同时双肩向右侧转动,左脚辗动至左肩侧身对网,右手快速平稳向后拉拍,拍头高于手腕。拉拍结束时,球拍指向后方。

3. 挥拍击球

向前挥拍击球时,要绷紧手腕握紧球拍,借助转髋和转腰的力量向前方挥击球拍。击球点在身体右前方。

4. 前挥跟随

击球后,球拍应随球的方向做较长的随球挥拍动作,随挥至左肩上方结束,并迅速还原成准备姿势。

(三)反手击球

反手击球有单手反拍击球和双手反拍击球两种技术,下面介绍双手反拍击球技术。

反手击球技术

1. 准备姿势

与正手击球的准备姿势基本相同。

2. 后摆引拍

向左转肩,转肩幅度较正拍为多,同时调整握拍法,反手击球的后摆要求平稳而连续。

3. 挥拍击球

击球点在右髋前 30 厘米处,击球时身体前倾,并且利用腰部的力量配合挥臂动作协调作用于拍旋,将球击出。

4. 随挥动作

转体约 45°,随挥的动作结束于侧前方高处,这时重心在前脚上,后脚跟踮起。

知识链接

德约科维奇的双手反拍技术

充分的身体转动和稳定的上身将德约科维奇的双手反拍造就成一种可靠的得分手段。

诺瓦克·德约科维奇打球做得最棒的是他动作的完整性。他能将很多动作做得很完美。尽管他的正手已经是具有毁灭性的击球了,但是他的反手在这两者之中可能更具有实在的杀伤力。德约科维奇能够击出斜线球或是高调后场的底线球,这些是他不断提高打球水平的一个重要的方面。

1. 对于使用双反的网球选手,这是一次标准的准备:双眼从右肩头上方瞄出去判断来球的运动轨迹,绝佳的平衡和良好的姿态。手掌稍稍高于手腕,拍头向后指向两点钟的位置。德约科维奇目前所处的位置远离了底线,但是,他正在通过脚步调整使得这次击球变得同样有力。

2. 在此图中,德约科维奇用一个充分的转肩动作将球拍拉回。这个拍头上扬的回拉球拍动作还是相当直的。看上去德约科维奇要做一个弧线上拉球拍的动作,但是他此时的姿势只是因为他充分的上身旋转。在这个瞬间,德约科维奇定住他的左腿,把所有的重力都压在这条腿上。他已经准备好开始他向前挥拍的动作了。

3. 德约科维奇通过加大转肩幅度,稍微向上抬起双臂,以此来增加击球过程中手臂的运用。重心开始向前转移,这时右脚平行于底线(理想的站位应该是右脚与底线成45°,这会有利于身体打开得更快)。值得欣赏的是德约科维奇髋的位置:完全的缠绕。在一个有序的发力体系下,完全释放转髋将最大力量作用于击球。

4. 当德约科维奇已经准备好发力击球的时候,他将拍头拉回背向球网方向。同时,他开始将拍头向下沉,一直要到球拍网面低到足够他击出一个略带上旋的球为止。德约科维奇同时还抬高他后面的脚,脚尖点地,并逐渐开始提臂回转。

5. 击球点在身体前面,高度与手腕齐高。注意看,他的两只手是在一起同时向前发力的,决不是一只手力量大,一只手力量小。现在前脚充分蹬伸直了,整个身体被向上推了起来,髋和肩膀正在逐渐打开。由于击球点稍微有些偏高,所以德约科维奇肩膀动作看起来略微有些别扭。

6. 德约科维奇的球拍加速度、转体、重心在不同支撑腿之间的转移造就了如此强劲的动力,以至于在击球后续动作时,他已经离地腾空而起。即使他仍旧处于全速的挥拍转体动作中,他的头和身体依然能够保持稳定。当他的臀部摆正时,他的手臂从击球区域划过了。原先向后拉拍那一侧的腹部现在也正对球网了。

7. 再观察德约科维奇的两个肘:同时指向了身体外侧。真是一次完整的挥拍动作!重心完全到了前脚,后脚也正在向前靠,这是准备回位的信号。随挥过程中,德约科维奇很好地收住了下颌,用眼睛跟踪出球飞行轨迹,并用余光注视对手的位置与反应。

8.球早就已经不在画面中了,但是德约科维奇依然在完成他长长的整个动作。这给了想模仿他的球员很好的一课:先完成挥拍击球,然后尽快还原。德约科维奇的左腿正从身体后方闪出,立住,然后从场地中间奔跑。他重新降低自己的重心,同时完美地保持平衡。这都有助于他飞奔到任何的下一个来球落点处。

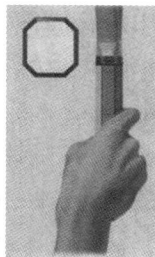

(四)削球

切削球主要是使球击出后产生下旋,落地后弹跳低,迫使对手由下向上拉球,或使其难于借助回球力量击出平而快的攻击性强的球。掌握了正反手削球技术,可以扩大击球范围和提高球的平稳性。削球的技术要领(以右手正拍和关闭式步伐为例)如下:

反手削球技术

1.反手削球

(1)握拍。一般采用东方式反拍握法和大陆式握拍(使拍面垂直于地面,右手虎口对准第一、二条棱角线之间的平面)。

(2)引拍。反手削球的引拍与单手反拍的引拍差不多,双脚开立比肩稍宽,双膝弯曲,球拍置于体前;重心移至左脚,同时转体转肩带动手臂向左向后上方引拍,拍头在上高于肩、高于手腕,引拍时确保右肩适度扭紧。

(3)击球。接上式,右脚向左上方迈出一步,并随着重心前移至右脚的同时,右脚用力蹬地,带动转体转肩和右臂向前向右运动挥拍。要保证由上向下挥拍,球拍随重心前移,在右脚左侧前上方触球,球拍拍面尽量以接近于垂直方式触球。

(4)随挥动作。右脚蹬地用力时要有向前的意识,使身体有向前随上的趋势,球拍触球后保持与前臂约90°角向下向前,再向右向上随挥。球拍运行轨迹类似一个香蕉的弯曲弧度。

移动中反手削球
技术(徒手动作)

2.正手削球

(1)握拍。一般采用大陆式握拍(同反手削球)。

(2)引拍。双脚开立比肩稍宽,双膝弯曲,球拍置于体前;重心移至右脚,同时转体转肩带动手臂向右向后上方引拍,拍头在上高于肩、高于手腕,引好拍时确保左肩适度扭紧。

(3)击球。接上式,左脚向右上方迈出一步,并随着重心前移至左脚的同时,左脚蹬地用力,带动转体转肩和右臂向前向右运动挥拍。要保证由上向下挥拍,球拍随重心前移,在左脚右侧前上方触球,球拍拍面尽量以接近于垂直方式触球。

(4)随挥动作。左脚蹬地用力时要有向前的意识,使身体有向前随上的趋势,球拍触球后保持与前臂约90°角向下向前,再向左向上随挥。球拍运行轨迹类似一个香蕉的弯曲弧度。

正手削球技术

知识链接

攻、防两种切削手法的比较

如果你仔细观察就会发现,罗迪克与费德勒的反手切削球在技术上、效果上都有着明显的不同。

当我面对面地把这个现象向罗迪克的前教练——名帅吉尔波特提出时,吉尔波特为此作了解释。

罗迪克切削时,拍面后仰明显,从上向下切的成分少,从后向前送的成分多。而费德勒的拍头举得非常高,球拍缠绕身体更紧密,切削的轨迹近乎是垂直地面地自上而下地纵切,形象地说就是踩。总体来说,费德勒从上向下切的成分多,从后向前送的成分少。

最终,两种不同切削手法带来的不同结果在于,费德勒切出去的球过网低,飞行平,速度快,落地后前冲力尤强,具有攻击的作用(有时,费也会根据不同情势调整手法,运用防守性切削)。罗迪克"踩"得不够的削球,切出的球多有上飘趋势,所以速度上会受到些影响,这样的切削我们一般称为防守或者过渡性切削。

接下来,我追问了吉尔波特一句:"罗迪克这样的速度不快,时常还带有侧旋的切削方式,是您教的吗?"

吉尔波特显然不承认,他认为罗迪克的削球技术不够完善的主要原因在于整个反手技术,包括双反抽击时,身体太过于僵硬了。言归正传,接下来将分别介绍攻击性切削与防守性(过渡性)切削在具体运用时的手法要领与区别。

攻击性切削的动作要领:

1.拉拍早,手腕回曲充分,球拍更紧密地缠绕头部。

2.击球前,确保拍头高于击球点,同时重心向前迎球。

3.击球时,球拍尽量垂直于地面,球拍从球的正上部垂直向下切,击球点离身体也较近。

4.击球后,拍面仍然保持近乎垂直地面,并向身体另一侧滑过,球拍最终停留在一个相对较低的位置。

防守性切削的动作要领:

1.一般时间较为仓促,拉拍后,手腕回勾不明显。

2.击球前,球拍上举的位置比攻击性切削时低。

3.击球时,拍面打开较多,击球的中下部,且有明显前送的动作。

4.击球后拍面基本打开,球拍最终停留的位置较高,一般超过对侧肩膀。

(五)截击球

截击球是在网前进行的一种攻击性击球方法,即当球在落地之前将来球击回对方场区,可以在网前截击,也可以在场内任何地方截击空中球。

截击球的特点是:缩短球的飞行距离和时间,扩大击球角度,加快回球速度。在网球比赛中截击球已成为一种主要打法和进攻武器,是网球比赛中重要的得分手段之一。

1.握拍

网前截击时,有时来球很快,没有时间改变握拍方式,而大陆式握拍方式就符合这个要求。大陆式握拍方法的特点:正反手截击都可以使用,在快速的进网截击时,不需要变换握拍方法,因此在网前截击时采用大陆式握拍法。

2.准备姿势与站位

面对球网,两脚自然开立约与肩同宽,双膝微屈,上体前倾,球拍放在身体前面,略高于正反拍底线击球的准备姿势,拍头朝前并高于握拍手,左手轻托拍颈,眼睛注视来球。当对手击球的一刹那,你应该从对手的击球位置、挥拍动作判断出来球的方向、高度和路线,以便及早起步快速移动。

应该说网前截击稍靠前比较好,因为越靠近网,控制的角度越大,对方就越被动,但太靠近网也容易导致球拍触网。通常情况下,以臂长距网2米左右为宜,最近距网1米,最远不要超过3米。

3.正手截击球

正手截击技术

当判明对手方来球方向后,立即转肩,以转肩带动球拍后摆,但后摆动作不要过肩,如果引拍过大,反而会增大失误的可能性;左脚朝来球方向跨出,以增加击球的

力量,拍头要高于握拍手,握紧球拍,绷紧手腕,在身体的前面迎击球(前脚前 15~30 厘米处);截击球的动作是挡击或撞击,球拍在与球短促撞击的同时微微向下,有点像切削球,击球时保持拍头上翘,拍面稍向后仰。

击球后有一个幅度较小的随挥动作,拍子对着球击出的方向撞出去并恢复成准备状态。

4.反手截击球

一般来说,反手截击比正手截击更容易,因为反手挥拍简短而不复杂,更加符合人体解剖特点。当球来到反手一边时,用扶拍手向后拉拍的同时转肩,球拍开始做很短的后摆,拍头高于握拍手,眼睛看球,在身体前面15~30厘米处撞击球,向前撞击时,左手向后方摆动,保持身体的平衡。

反手截击技术
(徒手动作)

反手截击技术

击球后球拍对着球撞击方向送出去,随挥动作要简短,以便能恢复到准备状态打下一次球。

(六)高压球

所谓高压球是指在头上用扣压的动作完成的一种击球方法。无论单打还是双打,当你冲到前场近网时,对方常用挑高球调动你,使你无法靠近球网进行有力的截击,因此你必须学会高压球技术。该项技术与截击球密切相关,为了加强网前的攻击力,截击球与高压球要同步提高,不然将失去网前的威力。

1.握拍

高压球的握拍方法与发球一样,多采用"大陆式"握拍法,即右手"虎口"的"V"字形对准拍柄的第 2 条线上。这种握拍法既可以打出杀伤力很强的高压球以攻击对方直接得分,又可以灵活地在网前进行正反拍截击,因此,这种握拍法被广泛采用。

2.准备姿势

在网前的准备姿势,既要准备打截击球,又要准备快速后退以便打对方挑来的高球。球拍应向前上举起,看着对方挑来的高球,向右侧身转体,左脚在前,右脚在后,左肩对网,在用短促的垫步迅速调整位置的同时,左手高举指向来球,持拍的右手直接举起,右肘抬起与肩同高,拍头指向上方,眼睛注视着高空飞来的球。

3.后摆动作

高压球和发球动作相似,主要区别在于它后摆动作比发球简短:从准备姿势的直接举起球拍到将球拍拍头下垂到肩后(和发球的"挠背"动作一样)。因为球从高空落下速度很快,像发球一样从下方后摆拉拍不易掌握击球时间,所以许多优秀选手都习惯于这种简短的后摆动作。

4. 击球动作

高压球与平击发球的打法一样,击球点与发球的高度相同(跳起高压球时略高)。当球落在你的头部前上方时,迅速挥拍击球,动作要果断,挥拍猛击球的后上方。距网近,击球点稍前,击球的部位要高些;距网远(有时对方挑的高球很深),需要迅速滑步调整跳起高压,此时的击球点较后,需要用手腕做"旋内"的动作,挥拍击在球的正后方,把球压在对方的深区,保证击球的稳定性。

5. 随挥动作

高压球的随挥动作与发球相似,也是在身体的左下方结束,尽量保持动作的协调和完整。在快速地向后跳起时,是用一只脚起跳,身体下落时另一只脚着地,并保待身体的平衡,准备下一次击球。

高压球技术

(七)挑高球

挑高球在网球基本技术中占有重要的位置。随着网球进攻型战术的发展,在双打比赛中,面对发球抢攻战术、双上网战术的广泛采用,以及在快速场地上单打比赛网前战术比例的增加,作为对付网前进攻的重要武器之一的挑高球技术就显得更为重要。它已由过去防守性的挑高球发展成为进攻性的挑高球技术,不仅可以变被动为主动,而且可以直接得分。

后退高压球技术
(徒手动作)

1. 握拍

因为绝大部分挑高球都是在底线附近使用的，也属于落地球的一种击法，所以它的握拍法与底线正反拍抽击球一样，即正拍挑高球可使用正拍握拍法，反拍挑高球可使用反拍握拍法，不用变换。

2. 准备姿势

与底线正反手抽击动作的准备姿势相同，应该指出的是：注意力应高度集中，因为挑高球技术大部分是破坏对方上网进攻时运用的，需要更快的反应和跑动。假如对方在网前已占据了有利的进攻位置，你必须迅速调整身体，保持侧身对网和重心的平衡，否则将无法保证挑高球的质量。

3. 后摆动作

挑高球效果的好坏除了与它的质量有关外，挑高球技术动作的隐蔽性与突然性极为重要。把它"伪装"得与正反拍抽击破网一样，直至击球前的一刹那，让对方发觉得越晚，效果越好。因此，你就能够想象到挑高球技术的后摆动作，它应尽量与你的正反拍抽击动作一样，但攻击性的上旋挑高球的后摆动作的手腕应有更多的后屈动作，让对方无法判断。

4. 击球动作

击球时，侧身对网，眼睛盯着球，防守性挑高球的击球部位在球的后下方，拍面越向上方倾斜，击球部位越低，挑出的球就会越高。攻击性上旋挑高球的击球部位在球的后部偏下方，在球拍触球前，拍头低于手腕，在击球的一刹那利用手腕的回拨和前臂的回旋，使球拍从球的后下方向前上方做弧形擦击，使拍头挥动极快。球拍拖球的时间要长，才能打出最强烈的上旋。击打攻击性上旋高球的最佳击球点稍微靠后，身体重心的转移不像正反手抽击时那么明显，整个击球动作过程应该尽量协调、流畅和舒展。

5. 随挥动作

挑高球的随挥动作应尽量充分，在身体的另一侧的前上方结束，整个随挥动作是沿着出球方向跟进的。动作结束时，面向球网，迅速做好下一次击球前的准备。

　　网球运动技术是由多个层次构成的，每一个层次的因素都是由各具特点的元素所组成的子系统。在所有因素中，每一个因素又有作用程度高低不同之分，而技术最终的外部体现是所有因素的排列组合，是所有因素综合性、整体性的集中体现。除此之外，网球运动技术对网球队员的力量素质特别是速度力量、身体的柔韧水平及全身的协调配合均提出了较高的要求，即在比赛中运动员要有力量、速度、灵敏和耐力等良好的身体素质，在耗时较长的网球比赛中要求运动员有良好的体能储备，这就是"身体技术"。在高水平网球比赛中，双方的身体状态、技战术水平均较接近时，心理对比赛的胜负就起着重要的影响作用。

回顾与思考

1.简述网球运动技术基本知识。

2.简述网球技术的指导思想。

3.简述网球的无球技术；常用的握拍方法及其特点。

4.简述网球技术中有球技术的结构和原理。

知识拓展

　　与20世纪相比，现如今的球拍及拍线都更多地融入了大量的科技成果，这无形当中助推了网球运动竞技水平的攀升。随着科技时代的飞速发展，网球这项体育运动的竞技能力也在大幅度地提升。从击球质量来看，现在的击球不单单只注重深度、角度和速度，还注重弧度和旋转度的配合。简单来说，一次高质量的击球至少要从五个基本因素中来分析。其中包括：击球的深度、击球的角度、击球的速度、击球的弧度、击球的旋转度。无论是专业运动员还是业余爱好者，无论何种类型的打法，无论什么性能的场地，想要完成一次高质量的击球所要注意的基本要素都是相同的。这五个重要因素听着容易，说着简单，实践起来则是错综复杂的，因为在每一次击球前都需要根据不同来球以及战术目的做出合理支配这五个重要因素的正确决定。因此，忽视这五个重要因素的任何战术打法都不能在球场上得到最好的发挥。下面就将击球质量的五个重要因素逐一介绍给大家。

　　1.击球的深度

　　击球的深度是指击球时将球回击到对方有效的场区且接近端线（又称底线）的位置。反之，如果击球的落点离端线过远则通常被视为击球落点浅。击球的深度是每一次高质量击球的核心部分，是回球质量的主要评价标准。把球打深可以为进攻提供好时机，它是实施基本战术的有效平台。如果击球过浅，未能达到一定的击球深度，则较为容易让对手占据场上优势。

2.击球的角度

一般来说，击球的角度是指击球时将球回击到对方场地的两侧且接近边线的位置。打角度就是扩大接球人与击球点的距离，击球点距离接球人越远也就意味着角度越大。能打出一些有角度的回球是网球水平能力提升的重要表现，是脱离初级水平的重要依据。大角度回球是战术运用的初期阶段，可有效地利用场地充分地调动对手。

3.击球的速度

击球的速度是指短时间内球从场地的一侧到达另一侧有效的场区内，球在空中飞行的时间缩短，飞行弧线减小。快速的击球属于高级别的击球质量，是较难驾驭的击球技巧。一次高质量的快速击球是需要良好的身体协调能力和快速的挥臂以及优质的击球点来共同完成的。击球点和挥臂对于众多网球爱好者来说并不算是难事，但是能真正做到利用"协调链"来发力击球就不那么简单了。

协调链(动力链)：协调链是指身体关节依次有序地进行工作(发力)，从而产生一环套一环的动量链条。依次发力的顺序应是：腿部—髋部—躯干—大臂—小臂—手腕。这些体节的最佳协调时机将充分从一个体节移至另一个体节，有效地转换成全身的加速。将体节的自身速度补充至累积的总速度，如此连续进行直至体节顺序的最后部分，然后使球拍利用全部累积的速度对着来球最大限度地加速(发力击打)。

4.击球的弧度

击球的弧度是指球被击出后落在对方有效场区内的飞行弧线。弧度的重要组成部分包括击球距离、弧线弯曲度、弧高、弧线方向。影响弧线的主要因素在于击球时出手的角度。出手角度指球刚刚脱离球拍的瞬间与水平面的夹角。击球的角度越大，出手弧线的高度也越大。合理的出手弧线不仅是击球稳定性的最佳保障，它还可以提升落地球的冲击力。因此我们应该非常重视还击不同来球对出手弧线的不同要求。

5.击球的旋转度

击球的旋转度是指球拍在接触球瞬间所产生的摩擦。摩擦越大击球的旋转度也就越大。旋转球在落地之后根据不同的旋转度会产生一些不规则的弹跳。如上旋球，球在落地后弹跳会更高，弹起的速度会更快；下旋球，球在落地后弹跳较低，前冲力较强。另外，旋转可以延长球在拍子上的停留时间，球在球拍上停留的时间越长，对球的控制力也就越好，所以击球时加一些旋转可有效地提高控球能力。

深度、角度、速度、弧度、旋转度，这五个度的合理搭配是至关重要的。需要特别注意的是，击球的弧度是每一次击球必不可缺的重要组成部分，是有效击球的必要保障。通常情况下我们都是根据战术的不同需要来组合不同的击球方式，要知道每增加一个"度"的运用就会对选手的技术能力提出更高的要求。一般情况下拥有三种"度"的组合即可打出高质量的回球。如：弧度＋深度＋角度＝高质量的底线球；弧度＋旋转度＋深度＝高质量的挑高球；弧度＋角度＋旋转度＝高质量的穿越球；弧度＋角度＋速度＝高质量的进攻球。

【推荐阅读】

陶志翔主编的《网球运动教程》第八节介绍,运动生物力学是分析网球技术动作最常用的方法,在网球技术中,主要运用的生物力学原理有动量、运动定律、平衡和协调链。

本章对网球技术的协调发力作了详细介绍,详细剖析了每个发力元素,文中增加了许多图片元素,具有较强的趣味性。通过文字和图片的结合介绍,每位初学者能够对技术动作有个清晰的认识,以便建立正确的动作表象,理论与实践相结合,能够快速提高初学者的技术水平。

第四章
网球运动基本战术

【学习目标】

使学生初步了解网球运动的战术概念与分类,掌握战术分类的具体方法,认识网球战术的类型,对战术表象结构具有一个清晰的认识,并在比赛中能够正确运用战术。

【学习任务】

1. 初步了解网球战术基本概念的内涵及外延。

2. 了解网球战术的分类方法,能够根据基本分类标准准确分类。

3. 建立战术表象结构,在比赛中能够通过战术表象结构合理采取战术。

【学习地图】

网球战术的基本概念 ⇨ 网球战术的分类标准 ⇨ 网球战术的类型。

一、网球战术的要素

网球战术是指在比赛中,运动员以发挥自己的特长技术攻击对方的弱点,获得优异成绩,夺取比赛胜利为目的,而采取的符合竞赛规则和网球运动规律的有目标、有意识、有计划的行动方式。

(一)网球战术目标

任何一个战术行动都要围绕战术目标而设计,即战术目标。网球战术目标是指在网球战术行动中,通过个人的能力或者两个人的配合在比赛中能够取得有利地位,达到取得比赛胜利的目的。通常在使用战术时,为了获取比赛的主动权,要善于观察比赛场上的情况,根据对手的水平以及自身实力,采取灵活多变的战术形式,达到获得比赛胜利的目的。

(二)网球战术任务

网球战术任务是指在比赛前,教练员根据运动员及对手的技战术特点、比赛规则、天气等因素,为运动员制订在比赛过程中每个人或者个人执行战术时所担负的职责或责任。网球战术任务是网球战术的重要组成部分。由于比赛性质和对手的不同,为运动员制订的战术任务也会有所区别。

在制订或者分配战术任务时,要重点考虑运动员自身的技术特点,处理好特长技术和全面技术的关系,把握项目的制胜规律,顺利完成战术任务。比如在双打比赛中,网前选手和底线选手分别具有不同的战术任务。底线选手负责把球打深,角度要大,或者改变击球节奏,为网前选手制造得分机会;网前选手的任务就是寻找得分机会,守好直线,防止对手突击穿越。由此可见,根据站位的不同,其所承担的战术任务也有所区别。

(三)网球战术意识

网球战术意识是运动员在比赛中根据场上的情况变化,通过大脑的积极思维活动,正确运用支配技术,合理采取战术行为来应对临场突发状况的综合能力。网球战术意识是网球战术的重要组成部分,意识的强弱直接决定战术运用的成功与否。战术意识的形成建立在全面的技术基础之上,有了全面的技术,才能针对临场情况的变化,本能地、快速地决定自己的战术行动方案,充分发挥自己的特长技术,取得有利条件,得分或者赢得比赛胜利。

单打比赛中,运动员的战术意识主要表现在技术的运用、时机的把握、准确判断等方面;双打比赛中网球运动员的战术意识是其技术与战术水平的综合体现,以及两名运动员之间默契的配合。

网球运动员的战术意识由进攻意识、防守意识、配合意识三部分组成,这三个部分囊括了运动员的整体战术意识,每种意识在比赛中都扮演着重要的角色,起着至关重要的作用。进攻意识是指运动员在比赛中为了寻求得分机会或者有利进攻条件,在大脑里所形成的一种强行打法的思维模式。通常善于进攻的选手,其进攻意识明显要强于善于防守的队员的进攻意识。防守意识是指在比赛中运动员为了防止失误或者化解被动受攻击的状况,在大脑中所形成的一种积极或者被动的防守性的固定思维模式。比如遇到大角度的斜线球,大脑里的防守意识就会发挥作用,促使运动员采取防守措施,化险为夷。配合意识主要体现在双打比赛中,要求两名运动员之间要有默契的配合,从心理、眼神、动作暗示方面明白彼此的想法和战术思路,在打法上做到相互配合。

(四)网球战术行动

网球战术行动是指在网球比赛中,为了达到战术目的,完成战术任务,取得优异成绩,获得比赛胜利而采取的具有一定目的性、方向性和针对性的活动行为方式。战术行动主要受战术意识的支配,战术意识的高低直接决定战术行动的战术效果。战术意识强的运动员,通过合理的战术行动就能获得较理想的战术效果。但也有战术意识很强,战术效果较差的情况发生,这是由于战术行动不合理或者战术质量较低引起的。

网球战术行动主要表现在以下几个方面:发球上网,接发球上网,底线随球上网,挑高球上网,等等。网球战术行动也可称为网球战术行为、网球战术形式。运动员根据场上的情况变化采取相应的战术行动给予应对,会产生较好的战术效果。

(五)网球战术方案

网球战术方案是指对战术的实施过程进行整体的规划和设计,网球运动员需要遵从已制订好的战术方案,但并不是保持不变的,运动员可根据临场情况给予适时调整和修正。参加重大比赛之前,需要制订网球战术方案,包括战术任务和具体内容,预测对手的战术意图,确定战术原则和战术行动,预测比赛可能发生的情况及应变措施,适应比赛环境的措施,注意战术的保密及隐蔽,以及赛前训练安排等。

知识链接

双打新规则介绍

为了加快双打比赛节奏,使得比赛更为紧张激烈,ATP 和 WTA 已经简化了双打的计分规则,分为抢十和无占先,而大满贯比赛组委会自行选择沿用传统规则或是新规则。抢十:

双方盘数战为 1:1 平时不再进行决胜盘,直接以小分决出胜负,先拿到 10 分的组合为胜;9:9 平时必须净胜两分,发球顺序同抢七。无占先:每一局战成 DEUCE 后不必净胜两分,拿下 40:40 这一分的一方为胜者。

二、网球战略与网球战术

(一)微观与宏观的关系

从矛盾论的角度来看网球战略与网球战术的关系,发现两者是一对矛盾体。前者体现了战术长远的、大的方面,强调整体设计,目的任务明确,是整场比赛的指导思想;后者体现了战术的细节方面,强调精、细,针对性强。战术是指在比赛中常用的比赛手段,是战略的具体实施办法。

(二)整体与局部的关系

网球战略强调的是整体的结构,战术强调的是局部的,每一次战术的实施都是战略设计的具体体现。在每一次大赛之前,教练员都会为运动员做比赛战略部署,根据对手、天气、比赛的性质不同等,其整体战略布局也有所差异。从比赛的开始到比赛的结束,都要保证战略实施的连贯性和整体性,可根据临场情况,适当修正和调整。战术相当于战略的子因素,每个子因素在比赛中都起着重要作用,是整体战略按照原定计划实施的重要保障。

(三)长远与眼前的关系

战略的部署和设计是为整个赛季或者系列赛事能够取得优异成绩而准备的,它从长远的角度分析整个赛事过程中的利与弊,为运动员提出预防和改进措施,保障运动员的技术水平能够超常发挥,为整个团队带来荣耀。而这些目标的实现不是一步促成的,而是通过一个个子目标的顺利完成才能得以实现。比赛中的眼前利益就是得分,通过怎样的战术设计能够获得该分、该局,是运动员在场上要重点思考的问题。

知识链接

双打兄弟布莱恩的故事

截至 2014 年,美国著名网球双打选手布莱恩兄弟已连续 10 个赛季最少入账一个大满贯冠军。2013 年 7 月 6 日,在第三次温网夺冠后,2013 赛季他们已经成功斩获赛季 24 连胜,收获赛季第三座大满贯男双冠军奖杯,豪取职业生涯第 16 个大满贯男双冠军头衔,同时实现跨年度金满贯,成为史上在大满贯上夺冠次数最多的男双组合。

兄弟简介

现男子双打世界排名第一。

鲍勃-布莱恩和迈克-布莱恩是孪生兄弟,两人组成的双打搭档已经成为男子网坛的一对强力组合。

出生一前一后，握拍一左一右，他们是兄弟，一前一后来到人世，相差2分钟。

他们从不各自为战。青少年时期，父母不允许兄弟俩在赛事中同室操戈，参加单打时若是不幸抽中，结果总是双双弃权。这是兄弟情深。

这就是网球场上最出名的双胞胎布莱恩兄弟：哥哥迈克，弟弟鲍勃。

两张一模一样的脸庞，让人无从区分。别着急，左手握拍的是鲍勃（弟弟），右手击球的是迈克（哥哥）。弟弟鲍勃块头更大，个头更高，也更加活跃，"我们两个一起吃饭，一起逛街，一起旅行，唯一不能分享的，就是姑娘。"

布莱恩兄弟从2岁时便第一次握起了球拍。打球对于两兄弟来说是一种享受，而非负担。作为前美国青少年单打排名第一的鲍勃，毅然投入奖金少、受冷落的双打赛事，"那都是为了老妈的神经，从2岁开始，我们亲爱的布莱恩夫妇便不允许我俩'开内战'。"

布莱恩一家在美国是响当当的。他们有个全能爸爸，律师、音乐家、网球投资人……样样精通。"我们的妈妈还参加过4次温布尔顿的比赛，她也是名双打选手。"

迈克和鲍勃也从父亲那儿继承了音乐细胞。哥哥是鼓手，弟弟是键盘手，摇滚组合布莱恩兄弟也总是最受欢迎的，每次慈善捐款总能筹到很高款额。"网球是项相对孤独的运动，我很幸运，整个漫长的赛季我都有亲兄弟相伴。"

第二节　网球战术的分类标准及种类

一、根据参赛人数特点分类

（一）单打战术

1. 发球战术

网球运动中最重要的技术或者说难度最高的技术就是发球技术，它完全受自身能力的支配，受外界的影响较小。如今，网球比赛中的发球技术已经成为最直接、简便、有效的得分武器。在比赛中，通过发球技术的改变，可以获得较好的效果。

网球规则规定，发球队员可以站在中点和单打边线的假定延长线区域内，在这个区域内可以选择任何一个有利于自己发球的位置。通过改变发球的站位，可以发出不同角度的球，为下一步击球、得分做准备。

在发球前应根据需要制订以下战术策略：

第一，提高一发质量。如果一发的质量很高，就能给对手造成回球压力，迫使对手回球失误或者接发球质量较低，从而创造得分机会或者取得有利的进攻时机。在训练时，应注重一发质量的提高。

第二，提高二发的稳定性。一发失误之后，接下来就是二发。二发可以选择侧旋和上旋，也可以根据对手的站位选择发外角、内角、中间。控制和提高二发的成功率重点在于加强球的旋转，可以对身高较低的运动员发上旋球，对高大的运动员发中路球，使之来不及侧身回球，从而导致回球质量下降或者失误。

第三，发球的落点和旋转要有变化，要适时改变节奏。随着比赛时间的延长，运动员彼此会熟悉发球套路，即便发球技术再高，也会失去优势。因此，在比赛中，要根据情况适时调整发球节奏，注重落点和旋转的变化，使对手防不胜防。

第四，针对对手的弱点采取发球战术。如果对手的反手技术薄弱，在一区要尽量发内角，二区尽量发往外角，让对手用反手接发球，导致其接发球质量不高，掌握进攻的主动权。

第五，发球前应当站在底线中点附近的位置。在中点处发球，有利于发完球后迅速回位，防止防守区域空当过大，给对手造成接发球的进攻机会。例如，运动员站在靠近一区的单打边线附近发球，常常会导致该运动员左边空当太大，不利于迅速回位防守，为自己回球造成困难。发球站位可根据对手的水平、落点和旋转的变化适当调整，如果想要大角度的外角侧旋发球，可以向单打边线靠近站位。发球完成后，应迅速回到中间位置防守或者进攻。

知识链接

外角、内角

外角、内角是网球里面的术语，只有发球的时候才会用到这两个词。外角是在发球有效区内接近单打边线的，内角是在发球有效区内 T 点的附近。

2. 接发球战术

单打里的接发球战术主要目的是把球打深和打稳，接发球方是被动的一方，所以能把球回过去就成功了一半。如果对手的发球质量不高，可以向前迎着接球，目的是打出速度

外角　内角　外角

快和角度大的球,给发球方回球造成压迫。接发球前应根据对手的发球特点,选择合适的位置。一般情况下,接发球的位置在单打边线的假定延长线以内,底线之后的位置。

对付不同质量的发球,应采取不同的接发球战术。对于快而平的发球,接发球时应缩短引拍距离,重心降低,盯准来球,借力把球击过去;对于慢球,应该用大力抽击把球打深;对于旋转较少的发球,可以采用接发球挑高球和接发球放小球战术。接发球之前应采取以下策略:

第一,接发球不打穿越,应该打过网急坠的球。当发球方一发质量比较高,而且迅速来到网前时,这时接发球方一定要盯准来球,打出具有强烈旋转、低而短的过网急坠的球,给对手截击造成困难或者失分。

第二,把球打深、打稳。比赛中接发球方是被动的一方,由于接发球前站位比较靠外,对自己接发球后的回位造成一定困难,因此,在接发球时应把球打深、打稳,让自己有充分的时间回位。

第三,抢二发,把握上网时机。当发球方的二发质量较低时,这时接发球方应迎球去打,把球打得快而重;如果对方回球过浅,应抽球后随球上网,把握上网时机,通过第一截击压迫对方,第二截击得分。

第四,扬长避短,有效回击。在接发球时应尽量选择使用自己擅长的技战术,避开自己的弱势技战术。比如,反手接发球技术较差的运动员可以采用反手削球技术接发球;网前技术较差的运动员,在接发球结束之后,应迅速回位,在底线与对方僵持,不要移动至网前,这样才能保证用自己的长处与对手的弱处抗衡,赢取比赛胜利。

网球双打接发球次序

1. 网球双打发球次序

应在每盘开始之前决定发球次序,即每盘第一局开始时,由发球方决定由何人首先发球,对方则同样地在第二局开始时决定由何人首先发球,第三局时由第一局未发球方的球员发球,第四局由第二局未发球的球员发球。以下各局均按此次序轮换发球。

2. 网球双打接球次序

与发球次序一样,在每盘开始之前要决定接球次序,即先接球的一方应在第一局开始时决定何人先接发球,并在这盘单数局继续先接发球。对方同样应在第二局开始时决定何人先接发球,并在这盘双数局继续先接发球。他们的同伴应在每局中轮流接发球。

3. 网球双打中发球次序错误与接球次序错误

发球次序错误应在发觉时立即纠正,但已得的分数或已成的失误都有效。如发觉时全局已经终了,此后发球次序就以该局为准轮流发球。接球次序错误发觉后仍按已错误的次序进行,等到下一接球局再行纠正。

(二)双打战术

网球双打比赛和单打比赛一样具有竞技性和观赏性。双打比赛包括男双、女双、混双,在四大满贯公开赛、各系列大师赛里都能看到这三个项目的比赛,并且占据着重要的地位。双打比赛比单打比赛的战术内容更加丰富多样,在技术水平相当的情况下,战术选择及合理运用成为比赛的关键。业余比赛中最受欢迎的就是双打比赛,其趣味性和观赏性都要高于单打比赛。双打比赛对年龄和性别的限制范围较小,对体能的要求也不高,适合众多网球爱好者参与。

在享受比赛的同时也伴有残酷的激烈拼搏,运动员之间拼的是技术和战术,拼的是技能和智能。选择战术要因人而异、因分而异。针对不同的人、不同的比分要采取不同的战术,以保障获取比赛的胜利。

1. 双打的站位

(1)网前—底线站位。网前底线型站位是双打比赛中最常见的一种站位类型,网前和底线运动员在比赛中具有不同的分工。底线运动员负责底线回斜线球,避开对方网前选手,网前运动员在网前不停做分腿垫步、假动作,寻找网前得分机会(图4-1)。

要求:发球者发球时应尽量发往对手的外角或者内角,为网前选手创造得分机会。发完球之后,应迅速回位与对手进行斜线对攻,角度应大,避开网前。如果对方挑网前过顶高球,底线运动员和网前运动员应及时换位防守。

图 4-1   图 4-2

（2）双底线站位。双底线站位对于网前技术不成熟，但具有稳定的底线正反手技术和灵活的移动能力的网球初学者比较实用。这种站位在女子双打比赛中也较为常见，但这种站位得分机会较少，不能给对方施加压力。由于这种站位比较落后，目前职业选手和业余男子双打选手很少使用（图 4-2）。

要求：两名运动员在底线具有不同的分工，由中线和中线的假定延长线到底线中点把场地分成左右两个区域，各自负责各自的区域。如果来球在中路，一般由正手去回球，也可以通过语言提示，防止两人都不击球，出现漏球现象。

（3）双网前站位。双网前站位也是比赛中常见的一种双打站位打法，双上网包括主动双上网和被动双上网。主动双上网是指一发质量较高、底线回球较深等，把握时机迅速跑到网前；被动双上网是指对手放网前小球，底线的选手为了回球，快速移动至网前把球回击到对方场内，然后形成双网前站位，此站位可以给底线的选手带来巨大的回球压力（图 4-3—图 4-6）。

图 4-3   图 4-4

图 4-5   图 4-6

要求：双上网要注意处理中路球和对方的挑　　　　　　　双上网的站位，对手可能会打中路，这种情况应该截击技术好的一方主动击球；如果出现挑高球，首先应准备用高压球技术击球得分。为了防止对手挑过顶高球，网前两名运动员的站位应该是前后交叉错开站位，如果球出现了过顶高球，就由站位靠后的网前运动员进行回击。

（4）"I"型站位。"I"型站位也称为澳大利亚式站位，是指两名运动员分别站在底线和网前，网前的运动员蹲在网前发球中线处，使接发球方不清楚该运动员会向何方移动，给接发球方回球带来困扰。当球发出后，发球者搭档即网前运动员再向发球前商定的方向移动，寻找截击机会。在男子职业比赛里，常常选择此种站位方式。此种站位可以改变击球节奏和弥补技术缺陷，是职业比赛里面常用的站位方式（图4-7—图4-9）。

图4-7

图4-8

图4-9

要求："I"型站位对两名运动员之间的默契配合程度要求较高，发球之前两名运动员之间要进行沟通。网前运动员要盯准来球，准确判断来球方向，做好抢网的准备。底线运动员在发球完成之后，要迅速来到网前准备第一截击。第一次截击要把球截深，在对方回球之前要继续向网前跟进，准备第二截击得分。

2. 双打配合的一般要求

双打比赛需要两名运动员之间的默契配合，把技能、战术能力、心理能力、智力能力加在一起，这样才能打出一场精彩的比赛。双打比赛战术灵活多样，针对不同的比赛、不同的对手要选择不同的战术。无论进攻还是防守，技战术之外，更重要的就是两个人之间的配合。默契的配合是建立在两名运动员相互信任和充分了解的基础之上，并且通过长期并肩作战磨炼出来的。在比赛中可以观察到，一对好的双打选手，在得分时相互呐喊祝贺；在失分时，并不是相互埋怨，而是相互鼓励，这样才能帮助对方稳定情绪。具体要求总结如下：

（1）双打选手之间主要是通过语言和手势进行交流，在每一分开始之前两个人会商量这一分如何打，给对手施加压力。如果打出好球或者得分球，其中一名运动员会向另外一名运动员竖起大拇指手势，表示真棒、打得好等，或者相互击掌表示祝贺。如果一名运动员失分，另外一名运动员会拍拍他的肩膀进行安慰和鼓励，表示没关系、重新再来的意思。

（2）两名运动员都在网前时，要把守好自己负责的区域。如果球打向中路，一般由正手的运动员进行回球，或者位置比较占优势的一方进行回击，或者喊一声"我来"，防止抢球、漏接球。

（3）双打配对时最好是一名右手持拍运动员和一名左手持拍运动员相互配合，因为左手持拍选手打出的球旋转与右手持拍选手不同，会让对手感觉特别别扭，回球吃力。

（4）发球者的一发失误后，二发质量不高时，网前运动员可以退回底线，形成双底线站位，等时机出现时再随球上网。

二、根据技术风格特点分类

（一）底线型战术

底线型战术是在单打比赛中最常用的一种战术，也是最常见的一种打法。底线型战术是利用正反手技术改变球的速度、落点和方向，为得分创造机会。底线型战术不仅需要扎实的正反手击球技术，对运动员的体能同样具有很高的要求。根据每个人技术特点的不同，底线打法也有区别，具体分类如下：

1. 对攻战术

对攻战术要求双方运动员的正反手技术都具有较强的攻击性，并且能够长时间僵持。球的速度快、落点深、角度大，运动员回位速度快是此类战术打法必备的条件。每个人都不放弃进攻的机会，都要力争主动，每一板球都会让对手感觉回球吃力，从而达到攻击对方、战胜对方的目的。要求：

（1）用正反抽击技术大力抽球，连续压制对手的弱点，打对手的空当区域，用速度压制对方。

（2）用正反手抽击技术抽击大角度球，让对方大范围跑动，使对手在快速移动中回球失误。

（3）用正反手抽击技术打重复落点，在对手回球质量不高时突然变线，使对手防不胜防。

2. 拉攻战术

拉攻战术是底线型打法里最常见的一种战术。在比赛过程中，此类打法以快和慢相结合、抽击和削球相结合为主要特点。抽击是为了给对手制造回球压力，削球是为了改变击球节奏，迷惑对手，限制对手技术的发挥。拉攻战术重点强调拉球和攻球，拉球是为攻球做铺垫，寻找进攻的机会。进攻之前要拉出上旋高球，落点较深，旋转强烈，为下一拍进攻创造有利条件。要求：

（1）正反手拉上旋高球，球的落点要深，旋转强烈，尽量把球打向对手的反手，使其用不上力量。

（2）进攻时要身体协调发力，把球打向对手的空当。

（3）在拉球和攻球的时候，要控制回球节奏，让对手跟着自己的节奏打球，自己处于主动，对手处于被动，处理好拉和攻的结合。

3. 侧身攻战术

侧身攻战术是底线型战术里重要的一项得分战术。当对手回球过浅、球速较慢时，利

用强有力的正手,配合脚下步法,在反手区域利用侧身用正手把球回击过去。要求:

(1)迫使对手回球出浅,通过脚步调整,侧身用正手大力抽击,把球打向对手的反手区域。

(2)侧身之后,用正手大力抽击直线,使对手大范围移动,回球失误或者质量下降。

(3)用侧身正手击球把球打向对手的重复落点,使对手措手不及。

4.紧逼战术

紧逼战术在底线型战术里是一种快节奏的打法,要求运动员具有较强的控制球的能力,战术指导思想是以快制敌。即在球上升期击球,迎球向前击球,在对手回位之前,必须打出下一拍的战术。要求:

(1)接发球时就可以利用紧逼战术,向前迎球接发球,借力打球,使对手在发球前有心理压力,从而抑制对手水平的发挥。

(2)以快节奏连逼对手反手,然后突击变线,寻找上网得分机会。

(3)在紧逼战术里要求运动员击球节奏快,比对手回球速度还要快,使对手来不及回位,出现失误。

5.防守反击战术

防守反击战术是底线型打法里最为常用的一种战术。在自己回球受迫的状况下,首先通过防守把球回到对方场内,然后及时调整比赛节奏或者脚步移动,化解困难,寻找进攻的机会。底线基本功扎实的运动员擅长运用此战术,比如世界优秀运动员德约科维奇、纳达尔、穆雷等都是属于防守反击型的运动员。要求:

(1)在对方打大角度斜线球时,自己尽可能地快速移动到位,把球回到对手场区。可以防守性挑高球、反手或者正手削球,过渡性地回球,然后寻找进攻机会。

(2)对方上网后,可以采取挑过顶高球防守,然后等对手转身移动至底线救球时,随球上网,寻找得分机会。

(3)在对手底线回球比较凶猛时,可采用拉上旋球,使对手发力困难,把球打到对方的两个大角度,使其大范围移动,然后寻找进攻机会。

(二)网前截击型战术

1.发球上网型战术

发球上网型战术在双打比赛中较为常见,在上网之前,应做好充分准备。单打比赛中的发球上网型战术运用较少,底线型打法较为常见。发球上网型战术的合理使用要建立在一发或者二发质量较高的基础之上,比如较快的速度、精准的角度、强烈的旋转,这些因素都能够为发球后的上网创造机会。

发球上网型战术对抛球和起跳具有严格的要求,抛球要比正常发球时的抛球要靠前,在右肩的前上方。身体尽量向前上方起跳,落在场内,重心前移,同时迅速向网前移动,当对手击球时,双脚立即做分腿垫步,保持重心在两腿之间,判断来球方向,为第一截击做好充分准备。

发球后的上网必须沿着中线的假定延长线向前移动,这样可以扩大防守区域,准备截击对方的接发球,如图4-10所示。

图4-10

下面介绍几种发球上网的常用战术例子:

例1:当S(图片下方的,后同)站在平分区(右区)发球时,一发尽量发力量大、角度刁钻的外角,把对手拉出场外。然后快速移动来到网前,封住对手直线回球,用正手截击,使球落在对手反拍区域(图4-11、图4-12)。

图4-11

图4-12

例2:当S在平分区(右区)发球时,一发可以发力量大、落点准确的内角,迫使对手用反手接发球。然后迅速来到网前,做分腿垫步,判断来球方向,用第一截击把球回向对手的空当反拍或正拍方向,然后继续压向网前,用第二截击得分(图4-13、图4-14)。

图4-13

图4-14

例3:当S在占先区(左区)发球时,用平击球或者强烈上旋球发往对手的外角,把对手拉出场外。随即上网,封住对手的直线回球,用正手截击,把球击到对手的正手区域

（图4-15、图4-16）。

图4-15
图4-16

例4：当S在占先区（左区）发球时，如果对手身高较低，可以用强烈的上旋高球控制对手的回球质量，把球发向中路，使对手来不及侧身。然后迅速上网，封住中路，用反手截击或者正手截击把球截向对手空当（图4-17、图4-18）。

图4-17
图4-18

2.接发球上网型战术

比赛中接发球方一般是被动的一方，因为接发球方不清楚发球方会把球发向哪个落点，速度、旋转在球发出之前是无法判断的。接发球技术和战术如果能运用得合理，则能够变被动为主动，给发球方造成回球压力。接发球上网要根据对手的发球质量以及自己的接发球质量来确定是否上网，在发球方发球落点较浅、球速较慢、旋转较弱的情况下，可以运用接发球上网战术。

发球上网技术

接发球上网战术最重要的是自己的接发球质量能给对手带来回球压力，选取恰当时机迅速来到网前。如果对手是发球上网型选手，接发球一定要想办法破网穿越，让球过网急坠，穿越对手。接发球上网的前提是要把球打深，角度大，给自己留有充分的时间来到网前。下面介绍几种常用的接发球上网实例。

例1：当S在平分区（右区）把球发向外角时，R（图片上方的，后同）可以大斜线回球，把球回深,然后迅速来到网前,做分腿垫步,判断来球方向。如果对手回击直线,就用反手截击技术截击小斜线,然后准备第二截击得分;如果对手回击斜线,就用正手截击技术截击直线,然后准备第二截击(图4-19、图4-20)。

图4-19

图4-20

例2:当S在平分区(右区)把球发向内角时,R可以用反拍把球击回对手反手方向,角度要大,落点准确,然后迅速来到网前,准备第一截击。如果对手回击直线,就用正手截击技术把球击向对手的正手区域;如果对手回击斜线,就用反手截击把球击向对手的正手区域,落点要深,角度要大,为第二截击创造得分机会(图4-21、图4-22)。

图4-21

图4-22

例3:当S一发失误,二发质量不高时,可以采用正手或者反手接发球提高球技术,把球挑到对手底线附近,然后迅速来到网前,充分做好截击动作,防止对手直线穿越和过顶挑高球(图4-23、图4-24)。

图 4-23

图 4-24

例 4：当 S 在占先区发二发时，接发球方可以用正手或者反手放小球技术，让球落在对手的靠近网前的区域，迫使对手来到网前受迫回球。这时，接发球方应该迅速来到网前，通过反手截击把球推到对手后场（图 4-25、图 4-26）。

图 4-25

图 4-26

3. 中场抽球随球上网型战术

中场抽球随球上网战术也是网前战术里面比较常用的一种战术类型。它是利用对手回球质量不高，果断地采用正手侧身攻技术、反手技术等，把球打向对手场区，然后随球上网的一项战术。上网之前的那一板抽球，一定要为自己的上网建立优势，否则会被对手打穿越。下面介绍几个中场抽球随球上网实例：

例 1：对手回球过浅时，利用侧身正手攻技术把球打向对手的反手区域，然后随球来到网前，通过反手截击把球击向对手正手区域（图 4-26）。

例 2：对手回球出现浅球时，利用正手侧身攻技术打出小斜线，即在对手的右区发球区域内把对手拉出场外回球，然后迅速来到网前，通过正手截击技术把球击向对手的反手区域（图4-27、图4-28）。

图4-27

图4-28

例3：对手回球过浅时，通过正手侧身攻抽球技术，把球打向对手中路，使球与对手身体的距离太近，导致对手回球质量不高。自己随即来到网前，通过正手或者反手截击技术把球打向对手空当（图4-29、图4-30）。

图4-29

图4-30

4. 放小球随球上网

放小球随球上网包括底线放小球随球上网和中场放小球随球上网，不同的战术会带来不同的效果。底线放小球战术要求隐蔽性和突击性较强，以假动作作为基础迷惑对手。中场放小球要求隐蔽性高，球要过网快速下坠，并且需要一定的角度。

放小球随球上网战术

例1：当和对手在底线僵持，回合较多的情况下，这时把球尽量打向对手的反手区域，让对手跑向场外回球，如果对手把球回向反手区域，就通过反手放小球技术把球放在对手的正手区域内，让球过网快速下坠，然后迅速来到网前，准备接对手质量不高的回球（图4-31、

图 4-32）。

图 4-31

图 4-32

例2：当对手回球过浅时，可以通过正手或者反手的假动作引拍以迷惑对手，让对手在底线积极准备回球，这时突然变换握拍方式放网前小球，迫使对手来到网前回球，然后自己同时向网前跟进，通过截击把球回到对手空当区域（图4-33、图4-34）。

图 4-33

图 4-34

5. 挑高球随球上网

挑高球随球上网战术也是网前战术里面比较重要的一种战术，它能把球挑到对手的底线附近，弹跳很高。挑高球就是把球向空中挑起，当对方站在网前，自己又不能打出穿越球的情况之下，采用这种战术打法。挑高球包括防守性挑高球和进攻性挑高球。

防守性挑高球具有很高的弧线，在对手打出角度大、落点刁钻的球时，利用正手或者反手挑高球技术把球挑到对手的底线附近，目的是赢得回位时间，摆脱困境，寻找进攻机会。

进攻性挑高球在对手上网时运用。对手已经来到网前，无法打出穿越球，这时就采用挑高球。如果高球挑得很高很深，会给对手回球造成困难，就可以趁机迅速来到网前准备截击，或者打高压球得分。

例1：当对手来到网前时，用正手挑高球技术把球挑至对手底线附近，然后迅速来到网前，准备截击（图4-35、图4-36）。

图4-35　　　　　　　　　　　　　图4-36

例2：当对手打出大角度的落点时，要迅速移动，通过正手或者反手挑高球技术把球挑到底线附近，然后快速来到网前准备截击或者打高压球（图4-37、图4-38）。

图4-37　　　　　　　　　　　　　图4-38

三、根据击球线路特点分类

（一）回头球战术

回头球战术指的是连续攻击对手的重复落点的战术，使对手失去重心，不能及时救球，从而失分。回头球战术的使用要注意观察对手的移动，当对手失去防守位置的时候，会下意识地移动快速回位，防守空当区域，这时再打一次对手的重复落点，就能取得良好的效果。

要领：注意观察对手的位置和移动，当对手为了防守空当区域快速移动防守时，可以打重复落点。

方法：①将对方的回球通过正手或者反手打出大角度的斜线球。②对手通过正手或者反手回击斜线球。③把对手打出的斜线球再打向对手的斜线，即重复落点（图4-39）。

图 4-39 图 4-40

(二)N 型线路战术

N 型线路战术在比赛中经常用到。它是利用对手在底线两角之间大范围的跑动,迫使对手回球失误,或者直接得分的一种战术。由于回球线路像"N",所以称为 N 型线路战术。

要领:尽量把角度打开,把球打向对手底线的两个角落,使对手从底线的一端跑向另一端救球,迫使其失误。

方法:①第一拍打直线球。②对方打一个大角度的斜线球。③第二拍再打一个直线球,使对手从底线的一端跑向底线的另一端(图 4-40)。

(三)长短结合型线路战术

在比赛过程中,大多情况下是采用底线对攻战术,其球的落点较深,角度刁钻。网球比赛中,左右移动比较容易,前后移动比较吃力。因此,偶尔采取长短结合、前后调动对手的战术,可以占据有利位置,取得比赛主动权。

网球单双打
战术

要领:连续底线压制对手,使对手始终处于一种被动防守状态,趁其不备,把球回到前场。这种战术具有一定风险,一定要把球放得很浅,并且带有一定侧旋。

方法:①第一拍把球打深,角度要大,让对手移动至场外救球。②对手回球质量不高。③通过正手或者反手放小球技术,把球击向对手的前场区域,迫使对手向前移动回球,从而失去重心。④此时对手已经失去重心和防守位置,只需把球打向对手空当区域即可得分(图 4-41)。

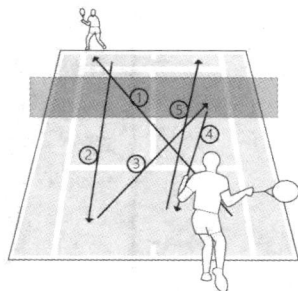

图 4-41

　　网球战术在比赛中占有重要的地位和作用，需要根据网球运动自身的规律以及临场比赛状况的发展变化有计划、有意识地选择和运用，采取有目的、有针对性的行动。网球战术的运用应立足于有利于自己的攻击、反击和防守动作，消耗对手的体能，寻找得分机会并攻击对手弱点。本章列举了一些有关网球战术的实例，并且进行了分析，对战术的分类以及类型进行了详细介绍。在比赛中，学生可根据临场需要，选择适合自己的战术类型，争取做到知己知彼，百战百胜。

回顾与思考 —
　　1.简述网球战术的概念。
　　2.简述网球战术与网球战略之间的关系。
　　3.简述网球战术的分类特点。
　　4.简述网球战术的类型。
　　5.列举2～3个网球战术的案例。

知识拓展 —
网球比赛的基本要素
　　网球比赛中最基本的三个要素是角度、速度、深度。无论运动员的级别高低，无论比赛级别的高低，这三个要素都是在比赛中占据有利条件、赢得比分、获取比赛胜利的基本要素。
　　深度是指运动员把球回击到对方场内，球的第一落点与端线的距离。距离端线近则落点深，距离端线远则落点浅。角度的大小主要看对手跑动范围的大小。打大角度球的意义在于让对手大范围跑动，耗去对手的体能，把对手拉出场外，寻找得分机会。
　　速度在众多运动项目里面都有很高的要求，即以快制敌。对网球运动来说，速度更是取得比赛胜利的重要因素之一。球的速度来源于球员的挥拍速度、蹬地转体的速度。史上最快发球速度是罗迪克的发球，速度达到220千米每小时。球的速度越快，给对手回球造成的压力越大，但同时自己的失误率也会提高，速度和稳定是相互矛盾的。
减少失误的秘诀
　　在比赛中要想减少回球失误，首先，要让球过网，必须给球加上旋，通过旋转控制球的稳定性。世界顶尖运动员在比赛中的多板对抽就是在给球加了强烈旋转的情况下才能出现的多板回合情况。其次，在回球过程中要控制球的深度和角度，不能只追求刁钻的角度，给对手制造回球压力的同时也会提高自己回球失误率。再者，注意力集中，击球时眼睛盯准来球，预先判断来球方位，提早准备并调整与球的位置关系。身体放松也可以减少失误，提高击球的成功率。

　　盛文林著的《网球——体力与意志的结合》内容丰富全面,介绍了网球的起源与发展,对技术战术分析全面深刻,赛事介绍、人物介绍较多。书中有大量的人物和网球技术图片,适合初学者和网球爱好者阅读使用。

　　张瑞林主编的《网球》内容的系统性、全面性较强,练习方法针对性、有效性较高,运动知识、技术、技能具有较高的完整性,版式多样,格式新颖,教材文字表述言简意赅、通俗易懂、图文并茂,适合体育专业学生及教练员参考使用。

第五章
网球运动训练

【学习目标】

目前世界网球运动发展的趋势是运动员技术越来越全面,战术越来越灵活多变,运动员良好的身体素质和心理素质显得尤为重要。本章主要目的是让学生充分理解和熟练掌握身体素质训练、心理素质训练、运动智能训练的基本训练方法。

【学习任务】

1. 了解身体素质以及身体素质训练的概念。

2. 熟练掌握运用网球运动中一般身体素质训练的方法。

3. 熟练掌握运用网球运动中专项身体素质训练的方法。

4. 了解网球运动中心理素质训练的途径和策略。

5. 了解网球运动中运动智能训练。

【学习地图】

身体素质的概念⇨身体素质练习的重要性⇨网球运动中身体素质训练⇨网球运动中心理素质训练⇨网球运动智能训练。

第一节 身体素质训练概述

一、身体素质的相关概念

身体素质通常指的是人体肌肉活动的基本能力,是人体各器官系统的机能在肌肉工作中的综合反应,它包括力量、速度、耐力、灵敏、柔韧五个方面。身体素质经常潜在地表现在人们的生活、学习和工作中,也表现在体育锻炼方面。一个人身体素质的好坏与遗传有关,但与后天的营养和体育锻炼的关系更为密切,通过正确的方法和适当的锻炼,可以从各个方面提高身体素质水平。

(一)力量素质

力量素质指人体或人体某肌肉紧张或收缩时所表现的能力,是人体肌肉对阻力的克服程度,也是运动员完成动作时肌肉收缩的程度。力量素质可分为速度力量、耐力力量、相对力量、绝对力量。

(二)速度素质

速度素质指人体在单位时间内快速完成某个动作或位移某段距离的能力。速度素质包括反应速度、动作速度和移动速度。反应速度是指人体对各种信号快速应答的能力。动作速度是指人体或人体某一部分快速完成某一动作的能力。移动速度是人体在特定方向的位移速度。

(三)耐力素质

耐力素质是反映人体长时间运动能力的指标,也是机体克服和抵抗人体在运动中疲劳的能力。耐力素质可分为肌肉耐力和心血管耐力。肌肉耐力称为称为力量耐力,心血管耐力又分为有氧耐力和无氧耐力。有氧耐力是指机体在氧气供应比较充足的情况下,能坚持长时间工作的能力。无氧耐力也称为速度耐力,它是指机体以无氧代谢为主要供能形式,坚持较长时间工作的能力。

(四)柔韧素质

柔韧素质是指人体关节在不同方向的运动能力以及肌肉、韧带等软组织的伸展能力。可以分为一般柔韧素质和专门柔韧素质。柔韧素质与人体关节活动幅度的大小和跨过关节的韧带、肌腱、肌肉的延展性有关。

(五)灵敏素质

灵敏素质是指人体在各种突然变换的条件下,快速、协调、敏捷、准确地完成动作的能力。它是人的运动技能、神经反应和各种身体素质的综合表现。发展灵敏素质可采用球类、技巧、折线跑、十字变向跑、游戏等方法。

费德勒早期
体能训练视频

依据上述五种素质的基本内容,要结合学生进行网球运动学习的基本特点进行实践训练。网球是一项持续剧烈的体育运动项目,它需要球员能向任何方向快速移动,并做到快速启动和制动,而且需要在保持平衡和达到最好击球效果的情况下完成各种方向的跑动。所以本章主要通过运用最高效和科学的方法对五种素质进行有针对性的练习,最为显著的是速度素质和耐力素质的练习。

■■ 二、身体素质练习在网球运动中的重要性

身体素质练习是有效改善和提高人体内脏器官,特别是心血管系统、呼吸系统、中枢神经系统机能的有效手段,是增强骨骼、肌肉、肌腱和韧带等运动器官功能的良好方式。因此,从运动能力提升的角度来说,身体素质练习对改善学生的身体形态、提高各器官系统的机能、提升运动能力,培养良好的意志品质、延长运动寿命、提高运动成绩,都具有极为重要的作用。

网球运动是一项对身体各方面素质要求极高的体育项目。它需要网球运动员能够向任何方向快速移动,并做到快速启动或制动。因此,网球运动员必须具备良好的专项身体素质。网球运动员身体运动状态最好的是青少年阶段,此阶段正处于身心发展的关键时期,在生长发育过程中有各种体能要素发展的敏感期,同时也有许多训练中的禁忌。如果盲目锻炼有时会适得其反,造成时间浪费和效率不高,甚至带来不必要的运动伤害。只有在专业的体能教练指导下进行科学的训练才能获得更好的训练效果。因此,网球运动员进行系统的身体素质训练显得格外重要。

网球运动中一般身体素质训练的基本方法

一、力量素质训练

（一）主要练习方法

（1）负重抗阻力练习：运用杠铃、哑铃、壶铃等训练器械加大练习者的运动负荷，这是训练中最常用的方法，主要发展上肢、躯干和腰部力量。

（2）克服弹性物体的练习：使用拉力器、橡皮条、弹力带等，依靠弹性物体变形而产生的阻力发展力量素质，主要发展手臂力量和腰部力量。

（3）克服自身重力的练习：俯卧撑、引体向上、俯卧两头起等训练，这类练习使肌体局部承受体重，使肌体局部的力量得到发展，主要发展上肢、躯干肌和腰背力量。

（4）克服外部环境阻力的练习：如沙地和草地跑、跳练习等。做这种练习往往在运动结束阶段所用的力量较大，每次练习要求不用全力，动作要轻快，主要发展下肢力量素质。

（5）利用力量训练器械的练习：利用力量训练器械可以使身体处在各个不同的姿势进行练习（如卧推、肩负杠铃半蹲起、弓步前进或左右脚交替跳等），可直接翻转运动时所需的肌肉力量，使锻炼具有针对性，主要发展手臂、胸大肌力量以及下肢的爆发力。

（二）力量练习时注意事项

（1）当最大用力的时间很短，尤其在重复做用力不是很大的练习时，应尽量不憋气。

（2）避免用憋气来完成练习。对刚开始训练的人，给予的极限和次极限用力的练习不要太多，并让其学会在练习过程中完成呼吸。

（3）在完成力量练习前不应做最深的吸气，因为力量练习时间短暂，吸的气并不会立即在练习中产生作用。相反，深度吸气增加了胸廓内的压力，此时如再憋气就可能产生不良反应。

（4）要采用大负荷与循序递增负荷进行练习。大负荷是指练习的负荷强度大和重量大，一般要采用某人所能承受的最大负荷或接近最大负荷来进行练习。因此采用大负荷能迫使肌肉进行最大收缩，能刺激人体产生一系列的生理适应变化，从而导致肌肉力量的增加。为了达到大负荷，训练时无疑要保持较大的强度，或者要保持较大的数量（次数或组次）。当力量增长后，就必须循序递增负荷。

（5）练习时要使肌肉充分拉长和收缩，练习结束后要使肌肉充分放松。每次练习时应使肌肉充分伸展拉长，然后再收缩，动作幅度要大，因为肌肉被拉长后可以增大收缩力量，同时又可以保持良好的弹性和收缩速度。力量训练后肌肉会造成充血和僵硬，这时应该做一些与力量练习动作相反的拉长动作，或者做些按摩和抖动，使肌肉充分放松，这样既可以加速消除疲劳，又有助于保持肌肉良好的弹性和收缩速度。

（6）力量素质练习要科学系统不间断。研究表明，力量增长得快，停止练习后消退得也快。如果停止了力量训练，已获得的力量将会按正常速度的三分之一消退。通过训练获得的力量，停止训练后虽然会逐渐消退，但一部分力量会保持很久，甚至会永远保持下来。发展力量素质练习不宜在疲劳的状态下进行。这种状态下的练习不是发展力量，而是发展耐力。实验证明，对刚开始训练的人，每周 3 次力量训练要比 1～2 次或 5 次的效果更好。

二、速度素质训练

（一）主要练习方法

（1）各种游戏性质的反应练习。

（2）发令或听信号（口令、掌声等）的蹬起跑器的练习。

（3）最快速度的摆臂练习，持续时间10～15 秒。

（4）最高频率的各种形式的高抬腿跑，持续时间 5～10 秒。

（5）最快频率的小步跑、半高抬腿跑，距离30～40 米。

（6）快速后蹬跑，距离 50～100 米（计时、记步）。

（7）快速跨步跑，完成 50～100 米（计时、记步）。

（8）快速单脚跳，距离 30～50 米（计时、记步）。

（二）注意事项

（1）依据时间、练习内容和运动负荷三个方面来确保速度素质练习的有效性。选择学生成熟的运动技术动作，以最快的速度来重复完成。

（2）由于速度素质不易转移，因此要尽可能地选用专项动作本身的动作来练习。

（3）速度素质练习要多样化和多元化，要以游戏或竞赛的形式来提高网球运动员中枢神经的兴奋水平。

三、耐力素质训练

（一）主要练习方法

一般耐力：发展心肺功能耐力时，可用 300 米、400 米跑等锻炼无氧耐力；用 1 500 米以上的有氧耐力跑或计时跳绳等提高有氧耐力；有氧耐力训练一般持续时间为 20 ~ 60 分钟，心率保持在 140 ~ 160 次/分钟。运动员还可以采用各种形式的跑（变向跑、后退跑、侧向跑等）的方法。

（二）注意事项

（1）一般耐力与专项耐力的练习比例根据不同训练内容和不同对象而不同。

（2）在进行耐力训练时，应把有氧耐力训练和无氧耐力训练相结合。

（3）耐力训练应根据专项的特点要求，科学地安排运动负荷，有的放矢地进行训练。

四、柔韧素质训练

（一）主要练习方法

（1）在器械上的练习：利用肋木、平衡木、跳马、吊环、单杠等。

（2）利用轻器械的练习：利用木棍、绳、橡皮筋等。

（3）利用外部的阻力练习：同伴的助力、负重等。

（4）利用自身所给的助力或自身体重的练习：如压腿时双手用力压，同时上体前压震；在吊环或单杠上做悬垂等。

（5）发展各关节柔韧性所采用的动作：压、踢、摆、搬、劈、绕环、前屈、后仰、吊、转等。

（二）注意事项

（1）柔韧性练习应经常保持。柔韧性发展快，易见效，但消失也快，停止练习时间稍长一些，之前的练习成果就会消失，因此，柔韧性练习要经常保持。如果处于专门提高关节活动幅度阶段，则每天都要安排发展柔韧性的练习。在全年训练的任何一个时期，都要安排发展或保持柔韧性的练习。

（2）采用多种手段发展柔韧性。不能把拉伸练习作为柔韧性练习的唯一手段，在很多情况下，持续慢跑结合一些动力性柔韧性练习也是很好的柔韧性练习方法。

（3）注意柔韧性练习与温度和时间的关系。外界温度过高或过低都会影响肌肉的状态和伸展能力。一般地说，当外界温度在 18 ℃时，有利于柔韧性的训练。在一天之内，早晨柔韧性明显要低，10～18 时可表现出较好的柔韧性。但这不等于早晚不能进行柔韧性练习，只要做好准备活动，一天之内任何时候都可以进行柔韧性练习。

（4）柔韧性练习应循序渐进。发展柔韧素质训练时，特别要注意循序渐进。动作幅度要由小到大，用力要柔和，以防止撕裂和拉伤。在训练中还要注意与放松练习交替进行，防止因肌肉拉伤而失去弹性和收缩能力。在大量运动后或在疲劳的情况下，不宜做柔韧性练习。

五、灵敏素质训练

（一）主要练习方法

（1）在跳跃中做迅速改变方向的各种跑、闪躲、突然启动以及快速转体练习。

（2）做各种身体方位调整的练习。

（3）做专门设计的各种复杂多变的练习，如用"之字跑""躲闪跑""穿梭跑"和"立卧撑"四项组成的综合性练习。

（4）以非常规姿势完成的练习，如侧向或倒退跳远、跳深等。

（5）限制完成动作的空间练习，如在缩小的球类运动场地进行练习。

激发反应速度　提高注意力

（6）改变完成动作的速度或速率的练习，如变换动作频率或逐步增加动作的频率。

（二）注意事项

（1）灵敏素质训练一般安排在训练课的前半部分，在运动员体力充沛、精神饱满时进行。

（2）应根据不同运动项目的要求采用不同手段、运用不同方法发展灵敏素质。

（3）在进行灵敏素质训练时，教师应采用多种手段消除学生的恐惧心理或紧张状态，以保证训练取得良好的效果。

核心力量训练

网球运动中专项身体素质训练的基本方法

一、专项力量素质训练

网球专项力量的训练主要分为两部分:击球专项力量的练习和发球专项力量的练习。通过药球、哑铃或杠铃片等进行专门性训练,能够迅速提高网球运动员的专项力量水平。

(一)击球专项力量训练方法

(1)跪姿左右转体练习。两膝跪立,两臂在胸前伸直持球,上体左右转动,目视球的移动。

(2)跪姿投掷练习。单手持球上体向一侧后转,利用反弹力用掷铁饼的动作将球向前掷出。

(3)立姿转体练习。两脚左右分开站立,两臂胸前伸直持球,上体最大限度地向两侧轮流扭转,骨盆保持正面,两膝微屈。

表5-1　练习的次、组数

练习内容	药球/大、小	质量/kg	次数及组数
跪姿左右转体	大	3~5	15~20,1~2
跪姿投掷	小	1~3	10~15,1~2
立姿转体	大	3~5	15~20,1~2
迈步转体	大	3~5	15~20,1~2

（4）迈步转体练习。两手持球于胸前站立，一侧脚向前迈步时，上体向跨步脚方向转体。接着另一只脚向前迈步，上体同向扭转，维持身体平衡（表5-1）。

（二）发球专项力量训练方法

（1）跪姿向前投掷的练习。两手持球于头顶，上体向后倒，利用上体再向前的反弹力将球掷出，上体顺势向前倒。

（2）立姿向前投掷的练习。两手持球于头顶，两脚前后分开站立，将球引向头后，收腹将球掷向前方，最后以两臂旋内结束。

（3）向后投掷的练习。两手持球向下接近地面，利用抬体顺势将球向后方掷出。

（4）向侧上方摆动的练习。双手持球接近地面，上体向侧、上、后方抬起，最后从正后方向前、下方送球至地面，再从另一侧开始同样的动作。注意保持身体平衡。

（5）单手投掷的练习。单手持球于头的后上方，单脚向前迈步的同时向前掷球，使身体呈"鞭打"动作（表5-2）。

表5-2　练习的次、组数

练习内容	药球/大、小	质量/kg	次数及组数
立姿向前投掷	大	3~5	10~15,1~2
跪姿向前投掷	大	3~5	10~15,1~2
向后投掷	大	3~5	10~15,1~2
向侧上方摆动	大	3~5	10~15,1~2
单手投掷	小	1~3	10~15,1~2

（三）提高力量素质的常见方法

（1）俯卧撑。在俯卧撑练习的整个动作完成过程中，身体要保持伸直姿势，屈臂时的动作要慢些，伸直双臂的动作要快，这就是注重爆发力的练习。

（2）拉橡皮筋练习。用橡皮筋或拉力器模仿正反手击球挥拍动作和发球的挥拍动作，增加击球时身体及手臂的力量。

（3）屈膝仰卧起坐。仰卧垫上屈膝、双手抱头、两肘平伸，在快速收腹起坐的同时，转身用左肘触右膝，然后在第二次起坐时用右肘触左膝。通过练习不但能发展腹肌力量，同时还能发展腹外斜肌的力量，有助于发球时转体的用力及其他击球动作的转体用力。

▌▌ 二、专项速度素质训练

网球比赛中要求判断快、反应快、移动快、动作快。这就要求网球运动员必须具有良好的专项速度素质。网球运动所需要的专项速度是指运动员完成某个动作的速度，即为打好一个球，脚步的移动速度和击球速度。主要练习方法如下：

（1）场地四角移动练习。场地四角各放一支球拍，将四个网球放在场地中心的球拍上，练习时从边线快速跑向场地中心的球拍，拿一个球放在其中一个角上的球拍上，再返回中心拿下一个球放在另一个球拍上，直到四个球全部分别放到四个角上的球拍上为止。同时也可增加难度，逐一将四个球放回场地中心的球拍上为一组练习。

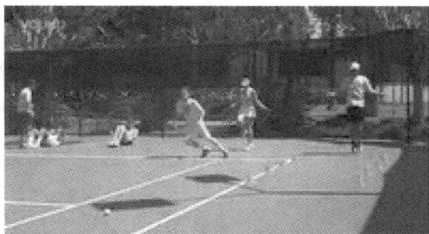

（2）快速挥臂练习。徒手快速挥臂进行"鞭打"动作，并用"鞭打"动作投掷轻器械，如羽毛球、乒乓球等进行练习，以提高发球时的挥臂速度，练习时两人对掷或单人掷后丈量成绩。

（3）1分钟内看手势做变换发球、底线接正手球、底线接反手球的姿势练习和跑位，每次可做3～5组。

（4）碰线折返跑。从双打边线外开始起跑，用手碰最近的线，然后转身跑回开始的位置，碰到起跑线后再转身向前跑动，依次往返直到触碰完场上所有的线。顺序依次是：双打边线→单打边线→发球中线→另一单打边线→另一双打边线。此练习可多人同时进行，并通过计时来看谁的成绩最好。

三、专项耐力素质训练

专项耐力素质就是指运动员有机体为了提高成绩，最大限度动员机体能力，长时间地承受专项负荷并保持工作的能力。而网球运动所需要的耐力是一种强度经常处于变化中并与速度紧密结合的专门性耐力素质。在训练中，耐力会因训练程度的高低、训练时间和强度的不同而有相应的提高。下面的训练有利于网球专项耐力素质的迅速提高：

（1）1分钟结合个人特点的步法与手法的练习。规定一定的范围，无规律地变换方向和启动速度，每次可做3～5组。

（2）变速跑。即加速跑30米，慢跑70米，共跑5组；加速跑50米，慢跑50米，共跑5组；加速跑100米，慢跑50米，共跑5组等组合或进行足、篮球等对抗性较为激烈的比赛。

（3）半蹲移动练习。两个人拉手呈半蹲姿势，沿网球场的边线、端线逆时针移动一周。移动时两个人尽量保持动作一致，并保持半蹲姿势，避免身体重心上下起伏；第二组练习时两个人交换位置，改变移动的方向。平蹲移动练习也可以与其他练习穿插进行。

（4）组合练习。练习者在练习过程中可进行冲刺跑30米，侧步交叉跑30米，高抬腿跑30米，跳起摸高10次，变向跑30米，蛙跳15米等。将这些练习组合在一起进行30分钟的练习。

（5）在练习过程中，可安排几种学过的技术在网球场上进行训练。要尽量安排跑动范围较大的多球训练。每组练习时间可根据练习难度而定，但都应在1小时以上。

四、专项柔韧素质训练

柔韧性训练一般包括以下两个阶段：首先是伸展准备期，包括轻轻地重复活动、快步走、慢跑、用脚尖慢跑、慢慢跳绳、简单的自行车练习等，直到运动员出汗为止。其后是伸展期，具体活动内容有：颈部伸展、肩部伸展、三角肌伸展、肘和腕的伸展、股四头肌伸展、大腿后部肌肉伸展、后背伸展、大腿内收肌伸展、腓肠肌和小腿前部肌肉伸展、膝和踝关节活动。

柔韧素质主要练习的方法：

（1）肩部的伸展。用左手抱住右肘，将其向胸部拉，用手推肘来达到三角肌的收缩，持续5秒。将肘放于头后重复做，左右肩变换进行。站立，手臂在身后双手交叉伸展。

（2）后背的伸展。在地上将膝关节紧紧地向胸部抱。一腿伸直，将另一腿向胸部抱紧，重复进行另一侧。

（3）肘和腕的伸展。这是防止网球肘的重要部分。肘伸直，掌向上，用另一只手慢慢地将手腕后伸。将手掌向下，并慢慢地将手腕向下伸。

（4）踝关节的舒展。直站立，使脚尖指向上。两踝分开约12英寸（约31厘米），用脚尖做最大程度的环绕动作，每个各做15次。

五、专项灵敏素质训练

专项灵敏素质是指运动员在专项运动中，迅速、准确、协调、自如地完成本专项各种技术动作的能力。网球运动员只有具备灵敏和协调的身体素质，才能在比赛中不断的、骤然变化的情况下完成各种复杂的击球动作。可以采用以下几种练习方法：

（1）各种滚翻练习。重复数次的前滚翻、后滚翻、单肩前滚翻、鱼跃前滚翻等。

（2）跳绳练习。在跳的过程中尽量长时间地把重心放在前脚掌上，这样与运动员在网球上的步法特别相似。

（3）各种跑的练习。快速后退跑、后退跑中听口令快速转身跑、快速跑动中看手势改变方向跑等。

（4）抽球的结合技术练习。对于不同落点的球，快速移动后击打标志点的球。

现代体能训练

（5）单腿摆动协调练习。单腿有节奏地跳跃，异侧腿配合做摆动，两臂前后摆动，触摆动腿的脚尖，15 秒为一组。

（6）跳起空中抱膝。原地双脚跳起，腾空后两腿上收，双手抱膝，下落时还原。

第四节 网球运动中的心理素质训练

一、心理素质训练的概念

运动员的心理素质训练，就是指训练运动员为完成专项运动所需要的心理因素得到稳健地提高和加强，并学会调节心理状态的各种方法，以便在训练和比赛中促进身体和技术水平得到正常或超常发挥。

二、心理素质训练的意义

全面地培养意志品质应当成为心理训练的主要内容之一，这样才能使运动员在比赛中有最好的表现，从而更好地创造性地对待训练任务。所以说，专项心理训练的水平是与运动员的智力表现密切相关的。青少年网球运动员专项心理训练应针对比赛的需要和运动员的个体差异进行操作性调整，除了以激励为基础经常保持稳定的动机之外，应与和比赛任务有关的动机相联系，而动机变化取决于个人定向和任务的意义，所以还应结合具体情况去增强动机。自我调节方法包括内部激励性的自言自语、面临行动的"自我交谈""自我命令"等。调节特点是要使运动员引起高度的心理紧张状态，即心理应激。必须克服抑郁状态，建立自信和最佳情绪。在过分兴奋状态下，应降低它的程度，但不能损害它的高涨，保证在训练和比赛过程中情感的稳定性。培养意志品质要系统地增加难度与负荷去组织训练。实践证明，训练和比赛中的困难不是一成不变的，要善于摸清情况，事前多设想困难，既要不断增加困难的难度，又要使运动员感到只要经过努力就有实现目标的可能，只要在一个个克服困难的过程中有效地发展意志品质，就能产生无畏的精神力量。只要在不断提高要求中使运动员得到必要的意志储备，那么无论对个人或是集体都是有重要意义的。

三、心理素质训练在网球运动中的重要性

现代科学研究证明，运动员的心理因素影响着身体、技术和战术的发挥程度。体力受

心理因素的影响是显而易见的,如果网球运动员参加训练和比赛时情绪低落、意志消沉、信心不足等,便不能使机体的潜在力量得以充分发挥。因为网球运动员不但要有注意力高度集中的训练,而且还要有思维敏捷性和灵活性的训练,适宜的情绪兴奋性和稳定性训练,意志果断性、顽强性、自觉性等气质的训练,只有这样才能充分施展网球运动员的技术和战术水平。如果缺乏必要的心理素质训练,运动员的心理素质不好,心理能量发挥不好,即使是身体、技术、战术水平较好,在竞赛中也难以取得好成绩。

四、赛前训练、赛中训练及赛后训练

(一)赛前心理素质训练

赛前对运动员进行心理训练的意义不言而喻。赛前运动员的心理训练主要任务及目的是为运动员参加比赛作事先的心理准备,帮助其克服心理上的不适应,提高比赛时的自我调节能力,最终帮助运动员取得好的比赛成绩。实践证明,在运动员的思想、身体、技术以及战术都已经准备充分的情况下,必须能够做到知己知彼、认识统一。在比赛过程中运动员的技战术发挥不会有过多的变化,最容易变化的就是运动员的情绪,也就是心理状态的不稳定性。剖析造成运动员在赛前出现不同的心理状态的原因,主要是运动员对比赛重要性的认识以及自我对成功的渴望和失败所产生的恐惧。这种心理状态变化主要可以分成赛前最佳竞技状态、赛前焦虑状态和虚假自信状态。最佳竞技状态是运动员比赛之前最为理想的应战心理状态,其主要表现在运动员对比赛的跃跃欲试,表现在运动员的昂扬斗志、高度集中的注意力以及适度的兴奋性等。赛前的焦虑状态主要表现在运动员赛前的异端时间生理反应失调,如吃不下饭、睡不着觉、经常身出虚汗以及出现四肢发凉等。虚假自信状态主要表现为运动员的口硬心虚与虚假自信心,其实这种现象的实质是运动的认识上出现的片面性以及心理上出现的恐惧反应。

那么对于上述问题,我们可以采取如下三种方法:第一种,积极的自我暗示法。这种方法具体操作就是教练员要积极地倾听运动员的主诉,同时细致地帮助其分析产生焦虑的原因,尤其是运动员的第一次焦虑感出现的首因与情境分析。在此分析的基础上,教练员要指导运动员学会积极的自我暗示以消除不良心理,帮助其建立积极的情绪。第二种方法是淡化比赛的重要性,提高比赛透明度。实践证明,这种方法有利于消除运动员的赛前焦虑。主要的做法就是帮助运动员在心理上对比赛结果进行淡化,减轻运动员心理上的不确定性,最终消除运动员的赛前焦虑情绪。第三种方法是想象放松法。此方法的具体操作是通过对运动员进行放松练习,帮助其想象在竞赛时所运用的有关动作,要求其想象自己最成功的动作,以增强信心,达到控制焦虑情绪的目的。

(二)赛中心理素质训练

按心理状态对比赛结果的影响可以将赛中心理分为理想的、不良的以及恐惧的三种类型。从事网球运动的人都知道,网球竞赛过程中不仅仅比运动的智慧、谋略、体力、技术及战术,还要比谁的心理素质好。我们知道,比赛不同于日常的训练,在比赛的过程中运动员除了承受超大的运动负荷之外,还要承受着更强的心理负荷。我们所要进行的赛中心理训练任务就是为了发展与维持运动员赛前的最佳心理状态,帮助其根据赛场的变化控制自己的心理状态,以及通过自身影响对手的心理状态变化,最终获取比赛的胜利。因此,训练过程中要强化运动员的心理调节能力。一般的方法有精神放松法和注意力转移法等。日常的训练过程中,多采用固定的语言沟通方式、幽默与风趣的鼓舞等。

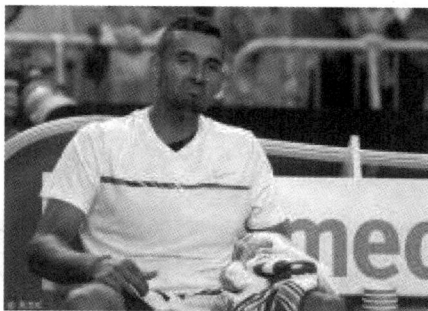

(三)赛后心理素质训练

赛后的心理训练对于一名优秀网球运动员的综合能力提高非常关键,也是必不可少的一个环节。这是因为在比赛结束之后,运动员身体上处于疲劳状态,心理上也处于疲劳状态。这时,教练员要能够抓住时机对其进行有效的专门训练,将会提高运动员最佳状态的持续性和提高下一次比赛的竞技能力。有经验的教练员会十分清楚,赛后运动员的心理活动其实并没有真正地结束,而仅仅是方式的一种变化而已。更多的问题隐藏在运动员的内心,如果不能有效地加以排泄及调节,将会直接影响下一次比赛的结果。赛后心理素质训练方法主要有赛事录像剖析法、交谈法及自我剖析法等。

知识链接

在网球场上如何集中注意力

1. 用眼睛盯着球,观察球的旋转,试试能否看见上面的英文字。

2. 想想技术动作要求,转腰抬大臂,击球时发力,击球后放松,把随挥动作充分做完。

3. 选择自己的进攻组合,使自己的进攻线路在大脑里慢放一次。

4. 冲动时坐下来,闭上眼睛,使各种冲动的想法逐一消除掉,用意志来控制自己的注意力,转变过来思考以上3点。

以上4点加强网球运动注意力训练技术也是我们平时打球所不易发觉的。有时通过身边的朋友可以更好地了解自己在这方面的缺点,这样的加强会显得更快更有效力。

五、小结

随着各国网球运动技术水平的不断提高,运动员之间在技术水平和身体素质方面的差距越来越小,一场网球比赛的最后胜负,往往不单纯取决于技术和身体素质方面的差距,而很大程度上是由网球运动员的心理素质决定的。同样,在一场激烈的比赛中,两个势均力敌的运动队,胜负的因素不是技术和身体素质上的差距,而是心理素质。实践证明,心理因素已成为现代运动训练和比赛的重要内因,培养运动员的心理品质和心理素质已成为提高运动成绩、取得比赛胜利的关键条件之一。可见,在运动训练和比赛中,心理因素已成为越来越重要的环节。

第五节　网球运动中的运动智能训练

一、运动智能的概念

智能是一种重要的能力。人的智能是以其智力水平为基础,运用所掌握的文化理论知识从事工作或劳动的能力。运动智能是人类智能中的一种特定类型,专指运动员以其智力水平为基础,运用所掌握的全面知识,特别是体育专业理论知识,参加运动训练和运动竞赛活动的能力。运动智能是运动员总体竞技能力的重要组成部分。运动员专项运动智能的高低与其一般智力水平有着密切的关系。心理学家们把智力归属为人类心理能力的重要内容,包括观察力、注意力、记忆力、思维能力。

二、运动智能训练的意义

随着现代科学技术的发展,为提高竞技体育水平采用的各种训练方法和手段在不断丰富与提高。这些手段与方法有效提高了运动员的成绩。竞技体育是以体能出成果,而以智能为灵魂的事业,体育训练中智能训练的提出和完善是竞技体育运动训练理论完善的重要里程碑。因为只有高智商和高智能的竞技体育运动员才能更好地了解运动过程中各种技术动作和战术要求,从而才能比其他运动员在更短的时间内掌握更有效的技战术,使之更准确地掌握竞技运动战术的实质,在竞技体育比赛中能够灵活机动地运用各种战术,更好地表现出自身强大的能力。

三、运动智能训练的作用价值

(1)具有较高运动智能的竞技选手对于专项竞技的特点和规律有着较为深刻的把握,对于训练的理论和方法也有更准确的认识和体验。因此,他们在训练中就能够正确地理解教练员的训练意图,能够以自觉的行为配合教练员高质量地完成预定的训练计划,从而使提高运动员总体竞技能力的训练任务更好地完成。

(2)具有较高运动智能的竞技选手善于正确地理解先进的合理的运动技术,从而明显地缩短学习和熟练掌握运动技巧的过程。他们能够更为准确地把握运动战术的精髓和实质,在比赛中善于灵活机动地运用战术。他们具有较多的心理学知识,善于动员和控制自己的心理活动,从而保证在竞技中更为出色地发挥已有的竞技水平,表现出更高的总体竞技能力。

四、运动智能的训练方法

竞技体育运动员必须拥有良好的智能。有较高文化知识的竞技体育运动员才能在日常训练过程中形成良好的对体育运动的理解和分析能力,只有这样才能将自身的身体潜力最大化发挥出来。

(一)观察力的训练

任何竞技体育的项目都取决于竞技体育运动员对比赛的瞬间观察判断。要训练竞技体育运动员良好的观察力,主要是通过竞技体育运动员在日常的训练和比赛中遵循教练员的训练方法。比如在日常的训练中,让运动员写临场观察日记,如观察场上队员的正确动作和错误动作、观察场上的比分,等等。

(二)注意力的训练

不同的体育运动项目中对注意力的要求也不尽相同。网球运动日常训练和比赛中教练员可以让运动员用体育物品练习,提高注意力。然后,排除干扰的训练是智能训练中注意力训练的核心。日常训练中教练员可以安排运动员到非常复杂的场地和环境中进行训练和比赛。比如模仿客场的气氛,请一些观众制造一些客场的氛围,以及一些刺耳的声音等,有意地干扰运动员的训练和比赛。

(三)记忆力的训练

运动记忆力是运动员练好技术动作的基础,场上合理的技术动作发挥和掌握熟练的战术都离不开运动员良好的记忆能力。在竞技体育的运动训练中,教练员要向运动员传授技术和布置战术,这些方法能有效地使运动员增强运动记忆能力,这是提高竞技体育运动员记忆能力的有效训练方法。竞技体育运动员会经常遇到一些竞技体育的技术问题,如通过平时运动比赛的摄像回放,这种训练方法不但能使运动员对技战术的实践加深记忆和理解,同时也是对竞技体育运动员的记忆能力的培养。

(四)思维能力的训练

思维能力是竞技体育运动员日常智力能力培养的重中之重,网球运动员在日常的训练和比赛中教练员就要加强对这一方面的训练和引导。在日常的训练比赛中,教练员应鼓励运动员进行有针对性的、有效的思维能力的培养,这样可以使运动员养成良好的思维能力和良好的思维习惯。所以,在日常的思维能力的训练过程中,教练员要注重培养竞技体育运动员独立思考、发现问题和解决问题的能力。

五、小结

网球运动中的智能训练是一种多学科的相互依赖组合的训练,这就需要制订一个长远的、有效的、科学的计划。同时,教练员和运动员必须要持之以恒,不能三天打鱼,两天晒网。高水平运动智能培养是优秀运动员提高成绩的重点,教练员应在日常的训练和比赛中增强运动员的训练意识,同时要与相关科研人员紧密联系和配合,将队员的智能训练融入日常的训练和比赛中去。通过多年的训练和比赛的实践证明,只有将智能训练与日常的训练和比赛有机地结合,才能最大限度地发掘运动员的潜能,才能使训练和比赛达到最好的效果。

本章小结

　　身体素质是衡量人体体质状况的一个重要指标。它是指人体在体育活动中各器官系统所表现出的各种能力,它包括速度、力量、耐力、灵敏、柔韧5个方面。身体素质练习是指为提升某一身体素质水平采用的各种有针对性的方式与方法。身体素质练习的手段与方式方法很多,学生可根据自身不同的需求选择不同的练习方式与方法。

回顾与思考

1.网球运动中一般速度素质训练和专项速度素质训练有哪些常用方法?

2.你在力量训练中都采用了哪些方法?

3.灵敏素质训练有哪些主要的训练方法?

4.在训练过程中应注意哪些事项?

5.心理素质训练有哪些主要方法?

6.运动智能训练有哪些训练方式?

知识拓展

网球运动的肌肉训练

　　运动员击球时挥拍动作的力量是由下半身开始的。从下肢经由腰部再经躯干传至上半身并传至上肢的肩膀、手臂及手腕、手指。整体力量来源于下半身的力量加上腰部的力量与躯体旋转的力量,经由手臂传至网球拍上做功。所以,网球运动员的肌肉力量训练的重点及方法应针对直接产生运动所需力量的肌肉群,同时兼顾协助挥动球拍的躯干与下半身来加以强化训练。训练的目标:

1.直接产生运动所需力量的肌肉训练

(1)应系统地针对肩部、手臂肌肉群进行力量与速度方面的训练。

(2)强化手腕关节周围的屈肌、伸肌的握力训练。

2.间接作用肌肉群的训练

　　一般来说,整体发挥出来的力量,腰部与脚部占了2/3,而手臂则仅占1/3。因此,在训练课程的编排上,要注意上、下肢的均衡训练。若想要增加球的飞行距离或力量,采用深蹲训练来强化肌肉力量比较适宜。同时,还应加上举重物训练来强化背肌,增强躯干的力量。

　　1.陶志翔主编的《网球运动教程》关于网球运动训练的内容有详细、全面的介绍,如网球训练中专项身体素质训练、步伐训练、运动员心理素质训练等。书中的很多关于网球训练的方法都附带图片,使运动员在训练中对其方法印象深刻,能更快更有效地掌握和吸收,适合网球运动员和教练员阅读使用。

　　2.普拉托诺夫·BH 著的《运动训练的理论与方法》,内容的系统性、全面性很强,其中有很多其他运动项目训练的理论和方法,我们可以将其应用到网球训练中。书中的训练理论和方法表述得通俗易懂,适合体育专业学生以及教练员参考使用。

第六章
网球运动教学

【学习目标】

　　本章学习主要目的是让同学们初步认识网球运动课程概念、理论依据、原则;掌握网球课程教学文件的制订方法;把握网球课程教学的分组、进度安排、课时计划;掌握网球技术错误动作的纠正方法。

【学习任务】

　　1.学习网球运动课程教学的基本知识,为提高网球教学水平和运动技术打下基础。

　　2.了解网球课程教学文件的制订,为以后从事相关工作提供可能性。

　　3.通过学习网球运动课程的教学组织和实施,培养学生严密的组织纪律、团结协作的集体主义精神。

　　4.掌握网球错误技术动作的纠正方法,便于开展学校课外活动和校外教学,具备初步指导教学工作的能力。

【学习地图】

　　网球课程教学的概念⇨网球运动课程的文件制订⇨网球运动课程的组织与实施⇨常见网球技术错误动作的纠正。

网球课程教学基本知识

一、网球课程教学的概念

网球课程教学是一个过程,教学过程参与的主要对象是教师与学生。在教学中,教师要根据一定的目的、计划和学生的身心特点对学生进行指导,以达到学生掌握网球理论知识、技术、技能、增强学生体质、发展学生认知能力及培养学生的意志品质的目的。

从本质上讲,网球课程教学就是对学生传授技能和教育的过程。网球课程教学可以从狭义和广义两个方面来理解。从狭义上来说,网球课程教学是指在特定条件下通过网球知识技能的学习和传授活动来实现特定教育目的的教学过程。从广义上来说,网球课程教学指一切学习与传授网球知识技能的有组织的活动。在我国,网球教学开展得非常普遍,例如普通学校体育课、体育院系有关专业的网球普修、专项课、各级专业网球运动队和业余体育学校的网球课程都是开展网球教学的主要场所。

二、网球课程教学的理论依据

(一)技能学习过程中人体生理机能活动变化规律

网球教学过程是教师组织学生学习技能的过程,身体练习是掌握网球技能的主要途径。进行网球课程教学就必须遵守人体生理机能活动的变化规律。网球运动练习中,人体生理机能活动变化规律由安静状态进入工作状态,人体工作能力由逐步提高到最大限度的水平,最后逐步降低。经过长期的身体活动练习,不但可以提高教学质量,而且可以增进健康,减少运动创伤事故的发生。

(二)动作技能学理论基础

网球教学的运动机能学习原理基础主要是指动作技能形成与发展的理论。要想更好地为网球课程内容设计提供有利的理论支持,必须对动作技能形成的过程有充分的认识。目前,运动生理学、运动心理学、运动训练学的种种研究成果都对技能学习有着自己的理解,主要有四个经典的动作技能形成理论,分别是认知心理学、经典条件反射理论、操作条件反射理论和反应连锁理论。

(三)心理学和社会学原理

网球课程教学中的心理理论基础主要指的是认知理论。在网球教学过程中,包括组织学生进行身体运动这一项重要内容，除此之外，还包括给学生传授大量与之相关的操作性知识。因此，网球教学可以看作发展学生认知能力的过程。学生在网球教学中的认识活动包括对网球教材的感知、体会、理解、巩固、运用和评价。这些认知活动都有一定的规律性，网球课程教学必须遵循这种规律。这就要求在教学实践中要特别注意使网球知识与网球技术表象之间建立起稳固的联系，使身体练习在网球知识、网球技术表象的定向作用下进行，同时要通过认知活动来激发学生学习网球运动的动机和兴趣。

网球课程教学的社会理论基础指的是网球运动技能的开放性和对抗性理论。网球运动是隔网对抗的球类项目，实战中的攻守关系决定了技术的运用。由于这种攻守关系变化频繁，没有固定的程式，所以网球技能属于开放性运动技能（又称非周期性技能）。在教学中，开放性技能与关闭性技能（又称周期性技能）存在一定的区别。

因此，社会学理论基础在网球运动课程教学方面有着与心理学理论基础不同的认知规律，这就要求网球课程教学必须遵循网球运动技能学习与认知的规律，并且采用与之相适应的方法，把培养预测判断能力、应变能力、攻防隔网对抗能力、意志品质放在重要的地位。

三、网球课程教学阶段

网球课程教学具有一定的阶段性，大致可以分为三个教学阶段，其中每个阶段都有着不同的任务和要求。

（一）粗略掌握运动技能阶段

初学者在经过熟悉球性的训练后，在开始学习各种技术时，都要经过粗略掌握运动技能阶段。在这一教学阶段，通过教师的示范、讲解，学生对所学的技术有一个初步印象，并通过学生自己的模仿练习，体会肌肉感觉，粗略地记住动作。

在这一阶段，由于学生会出现对球的落点和弹跳高度判断不准确、引拍不够及时、充分，出现多余动作，且动作紧张、费力、不协调等问题，所以在教学过程中，教师应注意精讲多练，抓动作重点，以正确的示范和简练的讲解初步建立动作概念，多让学生自己去体会动作，不必过多强调动作细节。

（二）纠正错误，改进动作阶段

在这一教学阶段，主要是消除学生的各种错误动作，改进他们的技术，提高动作的准确性、协调性和实效性。有时，学生虽然通过反复的练习逐渐消除了紧张，提高了动作质量，提升了回球成功率，但动作仍不够熟练，没有形成自动化。

在教学过程中，教师首先应通过详细的示范和讲解，帮助学生理解正确的技术，体会动作细节，使动作日趋合理化。其次，教师还需要通过观察学生的动作，抓主要问题，并且采取针对性措施加以改正。再次，教师要把精力主要集中在这一教学阶段。除此之外，教师还应根据学生的不同情况，在教学过程中做到因材施教，加强个别指导。

（三）巩固和提高动作阶段

在这一阶段，学生的动作已基本定型，能够比较轻松、准确地完成动作。教学过程中，学生通过反复的练习，动作逐渐达到自动化。在这一阶段教师应注意练习手段的多样化，并且要采取分组比赛的方式，调动学生练习的积极性，增强其学习兴趣。

上述三个阶段是有机联系的完整过程，是网球运动初学者从不会打球到熟练击球都要经过的阶段。在网球教学中，学生个体在素质、学习态度等方面存在差异，在不同阶段学习的时间也不同，这就要求教师从学生的特点出发，采取适当的教法，促进学生技能的提高，更好地完成网球运动课程教学任务。

四、网球运动课程教学原则

网球运动课程教学原则是网球教学过程中客观规律的反映，是网球教学实践中成功经验的总结概括，它对网球运动课程教学工作具有普遍的指导意义。

（一）普遍性教学原则

1.自觉性、积极性、直观性原则

在网球运动课程教学中，要充分调动学生学习的主动性和创造性，发挥学生学习的主体作用，使学习成为自觉行为，同时结合网球运动规律及特点，充分利用学生听觉、视觉、肌肉本体感觉和已有的知识、技能，以获得生动形象的表象。除此之外，教师还可以通过正确示范和广泛运用挂图、图片、电影、录像等现代化的教学手段，以达到有利于学生掌握网球知识、技术和技能的目的。

2.巩固与提高相结合原则

巩固与提高相结合原则是指在网球运动课程教学中，为了使学生牢固掌握网球运动技术，逐步提高和完善技战术水平，使学生建立正确的动力定型。因此，需要通过反复的学习和练习，并对学生不断提出新的、更高的要求。按照技术达标要求，长期对技术动作进行评

定,使学生逐渐发现自己取得的进步,从而激发学生学习的动力。

3.单项练习与系统性练习相结合原则

教学过程中,教师既要考虑到学生的特殊性,又要考虑学生的普遍性。一般要求应根据网球课程教学计划的基本规定提出,对于个别学生应力求在单项技术上逐步提高,同时又不忽略其与技术的联系,最终与系统性练习相结合。

4.一切从实际出发原则

一切从实际出发原则是指在网球运动教学中,教师应根据学生的年龄、性别、身体素质、心理素质以及学校的场地、器材、设备、气候变化等合理地制订教学的任务、要求、组织与实施的方法和运动负荷,让学生能够接受,并充分、有效地掌握网球课程的基本技术,完成课程的任务。

(二)专项性教学原则

1.优先发展专门性知觉原则

网球是以球拍为工具、用球拍击球的运动。场地器材等要素构成了网球运动独特的运动环境。在网球运动学习中要求对网球运动的环境和器具进行感知。这种感知是专门性知觉发展的过程,过程中的控球能力是网球学习的重要能力的一部分。网球运动课程教学中,通常采用大量的多球训练和课前的网球游戏进行练习,需要优先发展这种能力,以确保技术动作的学习。

2.动作技能学习和实战对抗相结合原则

网球运动具有对抗性和开放性的特征,这一特征决定了其教学过程必须把实战对抗能力放在重要地位。从认知策略上来说,开放性运动技能教学的规律要求技能动作的学习必须与实战运用相结合。学生在学习网球技能时,不是仅把技术视为固定程序的身体操作,而是首先建立起在移动中对抗的概念和技术时效的概念。从某种意义上来说,网球技能形成与发展的普遍规律是从实战中学和在适应中学,因此,把动作技能学习与实战对抗结合起来非常有必要。

3.统一标准和区别对待原则

统一标准和区别对待应体现在课程的任务、内容、运动负荷和组织教法等各个方面。

应根据学生的身体素质、接受能力、身体形态、智力和网球运动经历的个体差异,以技术动作规范性为教学普遍追求目标,同时考虑个体差异,使得"技术的规范化"也存在较大的差异。网球运动课程目标是使学生通过练习,形成符合自身条件的动作完成方式。因此,在普遍要求学生技术动作规范化的前提下,允许学生之间存在技术动作上的细微差别。由于个体差异的存在,网球运动教学就必须根据教学对象的差异选择不同的教学方法,要能照顾到不同运动能力的教学对象,贯彻普遍要求和区别对待原则。

4.理论联系实践原则

在网球运动教学工作中,应充分发挥理论知识对技术、技能学习的指导作用,并且在学习掌握技术、技能的同时,不断加深对理论的理解。在网球教学工作中,应充分发挥理论的指导作用,使学生对所学技术不但知其然,而且还知其所以然。

第二节 网球课程教学文件的制订

网球教学文件主要包括教学大纲、教学进度、课时计划和教学工作总结等。教师应认真研究教材,了解教材的系统性,把握各项教材之间的联系,以便在编制教学文件时体现循序渐进的原则,使每学期、每次课的教材前后衔接,逐步提高教学质量。

一、教学大纲

网球课程教学大纲不仅是依据教学计划、教学课时数、考核办法而制订的纲领性文件,而且也是教学工作的重要依据,其中包括说明、教学任务、教学课时分配与教学内容、考核等内容。它反映出网球课程在学校专业教学培养计划的地位。科学地制订教学大纲,不仅使课程的教学服务于学校培养目标,而且也有利于课程建设。

(一)大纲说明

说明主要阐述大纲制订的主要依据和课程性质,并明确指出编制教学大纲的主要原则,提出教学中确保大纲完整的措施等。

(二)教学任务

根据培养目标,结合网球运动课程教学的目标的特点,明确提出本课程的理论知识、技术、战术、裁判能力培养和立德树人与提高核心素养等教育方面的具体任务。

(三)教学课时分配与教学内容

教学课时分配与教学内容是指根据本学期总的课时量,同时根据需求和情况合理调配理论教学和技术教学比例的一种方案。其中理论教学应包括网球运动概论、常用术语、网球教材教法、竞赛组织工作、规则和裁判法、场地设施与管理等。技术教学应包括基本站位、技术教学、战术组合教学、技术战术的理解分析、课余训练与健身指导等。教学内容与教学课时分配应注意网球运动课程中的理论、技术、战术、赛事组织编排、裁判法和相关基本能力的培养,使教学内容合理划分课时比例。

(四)考核

考核应根据教学大纲的目标确定考核的内容、考核的形式、考核的标准。考核应包括平时检查、考核内容、方法、形式、标准、理论与实践和技能水平考核的比重等。

(五)教学的基本条件和设施

为了提高教学质量,保证教学工作的正常进行以及顺利完成,必须具备基本的场地要求和必要的设施、器材。这里的设施指的是网球运动课程运用的设施,是为了合理有效开展网球运动课程、完成教学大纲任务的组织设施和教学设施。

(六)教材和主要参考书

本课程使用的教材和主要参考书,便于网球运动课程教学,能够提高教学质量,帮助教师顺利完成教学任务,是教师与学生必备的参考书籍,通过借鉴教材和参考书,能够更好地扩大学生的知识面,丰富教师的教学方法。

▌▌二、制订教学大纲的基本要求

(1)教师要认真钻研大纲,掌握教材内容、教学方法,发挥教师主导作用,调动学生积极性,努力提高教学质量。

(2)教学大纲是体育教学的主要依据文件,不得随意改动。

(3)在执行大纲中,教师要按教学大纲和教学进度认真备课写好教案。如果需要变动和调整教学进度,须经教研室主任或主管教学的领导批准。

(4)教师应对任课班级的学生全面负责,实行课内外结合。任课教师负责学生的"达标"测验工作,每学期按时上报学生成绩,以及按时完成理论课的讲授和考试工作。

(5)教师要根据学生的年龄、体质、身体活动能力和运动技术水平的不同情况区别对待,因材施教。要重视和关心基础较差的学生成长。

(6)重视实用性、科学性、系统性合理选择教材。要根据教学内容,合理地精选教材,把主要的、基础的、先进的、实用的网球运动技战术和理论列入教学大纲。

网球课程教学的组织与实施

一、网球运动课程教学分组

（一）混合分组

混合分组就是把技术水平不在同一阶段的学生有目的、有计划地编在一个组里，即把技术水平高的和技术水平低的分在一个组。这种分组方式在人数较多的初级班和初学阶段运用效果较好。强弱搭配，让技术基础高的起到较好的模范带头作用，协助教师对初学者进行技术帮助。学生之间开展互教互学，有利于教师照顾全班的学生，统一组织教学，达到教学的普遍要求。但是，这种分组无法满足技术水平高的学生的学习要求，所以可能会影响到他们的积极性。因此，在教学过程中要安排一定的时间对他们进行专门的辅导，使他们在原有基础上得到提高，以便更好地发挥模范带头作用。

（二）按技术水平分组

按技术水平分组就是把水平接近的学生编在同一个组里，使同一组的学生水平大概一致。在这种分组方式下，教师可根据各组的不同情况布置不同的教学内容，选择不同的教学手段，安排不同的练习内容和不同强度的运动负荷。所以，这种方法能较好地体现一切从实际出发的原则，便于区别对待，满足不同技术水平学生的要求。对于水平较高的组，教学进度可以适当加快，练习强度可以加大，提出更高的技术要求，以便于提高学生的学习兴趣。对于水平较低的组，教学进度可以适当放慢，降低技术难度，使学生能够完成普遍的教学要求。另外，教师还可以根据学生掌握技术的实际情况，定期或不定期地调整组别，以调动学生学习的积极性。但是这种分组方法不利于教师全面把握班上的情况，不利于统一组织教学活动，掌握不好容易顾此失彼。尤其在教学新教材时，对技术基础较差者而言，教学效果不如混合组好。采用这种分组形式时，教师应重点辅导技术较差的学生。

上述两种分组方法各有利弊,可以根据学生不同阶段的技术水平灵活运用。例如,在初学阶段可以采用混合分组,到了巩固和提高阶段则可以重新按技术水平分组。除了以上两种分组方法外,还可以按性别分组。此外,如果采用混合分组,还应加强对小组长的培训,尽可能让他们预先了解课程的进度和教师的意图,让他们帮助教师维持好课堂秩序,组织好课堂教学。

二、网球运动课程的教学顺序

初学者学习打网球,首先要从熟悉球性开始。你若是想回击一个来球,首先要判断来球的方向、落点和弹跳高度,也就是常说的"预判"。这个过程对初学者相当重要,初学者若想绕开这个过程直接进入下一个阶段,就会适得其反。其次是练习步法,然后学习正手击球,学习完正手击球后,就要进入反手击球的学习。由于现代网球运动越来越注重发球的攻击性,所以,接下来就是学习网球运动的发球。比赛中若一方处于被动情况下,主动的一方积极上网,则主动方可以利用截击直接得分,此时,可以进入学习截击技术这一阶段了。上述各项技术教学完成后,可根据学生实际情况讲一些如何打反弹球、高压球、挑高球或放小球技术,因为随着水平的提高,这些技巧在比赛中也会经常用到。

在网球的具体实施教学顺序中,一般先是分解教学,然后是完整教学,在两者顺序过后再进行分解教学和完整教学的综合运用。采用分解教学应以掌握完整教学为目的,通过分解法来体会动作要领,并积极创造条件向完整教学过渡。在完整教学中,也可以用分解法来加强局部动作练习。

网球运动课程教学中动作示范是进行网球技术教学时最常用的一种方法。教师根据任务选择具体的动作作为范例,使学生了解需要学习的动作结构、要领和方法。它不仅有利于学生形成动作表象,而且还能引起学生的兴趣,尤其是示范动作协调、规范、美观时。因此,教师应经常研究探讨,不断提高动作示范质量和具体的运用。

三、网球运动课程教学进度安排

教学进度是根据教学大纲所规定的教学任务、教学课时分配和教学内容、考核和教学基本条件及其教学措施,把网球运动教学内容落实到每次课中的教学文件。它是依据网球运动知识、网球运动技能认知学习规律而确定的教学内容的逻辑序列,简单地说就是制订每次课程的教学内容,因此,它能反映出教学方法和教学策略。科学合理地制订教学进度对顺利开展网球运动课程、提高教学质量与效果具有重要作用。

（一）教学进度格式

在网球运动课程教学实践中通常采用的教学进度格式有：表格符号式、顺序名称式。

1. 表格符号式

把教材内容按编号顺序逐个列入教学内容栏内，然后按出现先后顺序在相应的课次栏内记"√"号科学排列组合，从而反映出每次课程的教学安排和整个教学排列顺序及数量（表6-1）。

表6-1　表格符号式

编　号	教学内容	时　数	出现次数	课　次				

2. 顺序名称式

按课次的顺序将各类教材的名称填入表格的教学内容栏目，在课程类型内填写采用的组织方式，如理论教学、技能教学和研究探讨等。其他事项填入备注栏（表6-2）。

表6-2　顺序名称式

课　次	教学内容	课程类型	备　注
1			
2			
3			

(二)制订教学进度的基本要求

1.兼顾整体，突出重点

教学进度要根据教学大纲的要求和运动技能形成的规律,把教材内容安排到适当的位置,并且在全面考虑的基础上,增加重点教学内容出现的次数,以保障整个教学过程科学、合理地进行。

2.遵循逻辑关系

教材的进度安排不仅要体现网球运动和网球课程教学自身的逻辑特点,并且每个单元的练习内容和技术训练的排列都要体现两者的合理逻辑关系,还要使两者之间产生正迁移,防止负迁移的干扰。

3.新教材要结合老教材

制订教学进度在依据新教材的同时还要结合老教材,交叉利用,要合理分配每次课的不同教材分量,各类教材合理利用,充分体现出循序渐进的教学原则并反映出课型种类模式。

4.坚持理论结合实践的原则

制订网球运动课程进度是将理论课与实践课相互结合,本着理论指导实践的原则,灵活并有针对性地安排好理论课教学。

(三)课时计划

课时计划即教案,是教师根据学生进度、学生实际学习和掌握情况编写的,同时,也是教师为了上课而制订的文件之一,更是学校检查教师备课情况、依教案看课评课,依教案评议上课质量和教学评估的具体依据。

(四)教案的基本形式和结构

1.表格式

课时计划的格式与写法多种多样,网球教学的实践课通常采用表格式体现课时进度(表6-3)。结构固定、简单、教学内容和组织教法一一对应是表格式课时计划的特点。在课时部分分栏内,一般注明课的结构,其中课堂常规、热身活动、技能学习、身心放松、运动心率曲线图、课后反思的内容各有侧重。技能学习与组织教法要一一对应,前后之间要相互连接,在时间栏要注明每个组织环节所分配的时间。

表 6-3　表格式课时进度表

学校		班级		单元课次				执教教师	
学习目标									
学习内容									
重点				难点					
场地器材									
安全措施									
教学流程									

课的结构	达成目标	学习内容	学生活动	组织方式	教师活动	时间	次数	运动量
课堂常规								
热身运动								
技能学习								
身心放松								

平均心率预计		强度指数预计		练习密度预计	

运动心率曲线图预计	
课后反思	

2. 条纹式

条纹式课时计划一般多用于理论课的教学,除填写表格式课时计划规定的项目之外,以讲授提纲与组织教法的方式配合理论课讲稿共同使用。

(五)课时计划编写的基本要求

1. 提出教学目标

编写教案时要依据学习任务的要求、教学进度的安排、教材内容的性质和学生的实际情况提出教学目标。网球运动教学任务要全面体现网球运动教学在教育、教学和教养方面的任务。教学任务的安排与部署要与时俱进,并且要与学科发展相吻合,与学生的身体特点相适应,以便于检验教学效果。不同的教材内容可提出不同的任务,如"粗略掌握阶段""纠正错误和改正阶段""巩固和提高阶段""运用自如阶段"等。总之,要反映学生认识过程,要有针对性,符合实际,能够全面体现网球教学在教育、教学和教养方面的任务。

2. 合理安排教学方法和组织模式

要依据教学内容、学生实际情况和场地设备条件来选择教学方法和组织模式。讲解、示范、练习、纠正错误和反馈与强化等手段在教学过程中的运用要有所侧重,教学方法要灵活多样,相互配合,防止简单枯燥。实践课的教学可采取常规或现代教学的模式,理论课可采用以讲授为主、讨论为辅的模式。通常在组织严密的情况下,问题式和讲演式也可收到较好的教学效果。

3. 注重课程逻辑性

编写教案时要通过练习的安排使运动的量和强度反映出课的高低潮,又要在课时计划中体现出前后课次的衔接。

4. 运动负荷的确定

课时计划中要对运动负荷作出估计,并且通过练习的运动量和强度反映出课的高潮,让学生更好地掌握网球技能和发展身体素质。

(六)教学工作总结

课程结束后,教师要向教研室和上级主管部门提交教学工作的总结性文件,因为它是教师自身评价教学任务完成情况、总结经验和找出差距的文字材料。在提交教学工作总结时,教师要实事求是地反映教学过程,特别是要注意总结教学规律,发现影响教学质量的新问题,为下一轮教学进行深入研究提出课题,使教学质量不断提高。教学工作总结一般包括以下4个部分:

(1)课程的性质和任务、教学的时数、学生的人数及所在的系和班级、教学的条件等基本情况介绍。

(2)教学过程中采取的教学改革方案或措施,并实事求是地根据方案的执行情况作出自我评估分析,总结出改革的成功之处,指出存在的问题和原因。

(3)在对学生学习状态进行总体评价时,特别要分析教学中学生的主体作用的发挥情况。同时要对学生的学习成绩作客观的评价,必要时可以进行比较,以数据和事实根据对教学过程作出准确的评价。

(4)根据本阶段或学期教学任务的完成情况和教学中所遇到的问题进行分析,对下一轮教学工作提出改革的设想和建议,必要时可建议教研室和教学主管部门组织专题进行研究。

第四节
网球技术错误动作纠正方法

网球技术错误动作纠正是指教师为了防止和纠正学生在练习中出现的动作错误所采用的方法。在网球教学训练中,学生在掌握动作时出现错误,教师应正确对待并有意识地加以预防和纠正。如果错误动作动力定型后才去纠正,就可能要付出比学会相应动作更多的时间和精力,因此,教师必须提前预防和及时纠正,根据错误产生的原因,分别采取相应的方法进行预防和纠正。

(1)加强学习目的性教育,激发学生学习的热情,提高学生的积极性,消除畏难情绪,树立完成动作的信心,培养吃苦耐劳、勇敢顽强、不畏艰险的意志品质。

(2)提高运用语言法和直观法的水平,特别是提高动作示范与讲解质量,使学生建立正确的动作概念,明确完成动作的顺序、要领和要求。要善于运用诱导性、转移性练习来预防与纠正因受旧技能干扰所产生的错误。

(3)正确确定教学任务和要求,并使学生经过努力能够达到。要加强学生的身体锻炼,发展身体素质,提高运动能力,合理安排运动负荷。

(4)加强备课,全面细致地了解学生,认真钻研教材教法,合理安排教学过程,切合实际地运用各种教法。根据教材特点和动作错误性质,采用限制练习法、诱导练习法、自我暗示法和消退法等进行纠正。

(一)纠正错误动作的方法

首先教师要提高运用语言与教学的水平,特别是要提高动作讲解与示范的质量,避免由于教师教法不科学而造成学生学习的误区。

加强网球基本技术和发展网球专项身体素质的教学训练,增强灵敏性、反应能力练习,以适应有关技术需要。纠正错误动作应抓住主要点,进行有的放矢的诱导性练习,不要同时进行几个错误方面的纠正,使之无所适从而不得要领。

教师要做到耐心细致,循循善诱,热情帮助,讲清原理,分析原因,提高学生信心,诱导学生主动进行思考和提高自控能力。

教学方法之间都是有机联系的,教师应根据教学任务、教材内容、学生特点以及场地、设备等具体条件,灵活地运用和选择教学方法,要从学生的实际出发,选择的方法要切实可行,能够真正达到帮助学生提高技术动作质量、纠正其错误的目的。

(二)网球技术错误动作纠正的注意事项

教师进行急速诊断、纠正错误时要注意可以改进的方面,而不是仅仅只注意需要纠正的方面。

对于初学者,教师应力求注重动作的完成,适当时可以对提高者进行单独训练。

对于有一定水平基础的学生通常具备一定的技战术能力,但因为受其他技术或者是受不同项目中技术的影响,导致他们的技术动作难以纠正,这种情况下,教师应该对此类学生采取行之有效的方法,帮助他们纠正错误的动作,形成规范、稳定的技术。

水平高的学生在比赛中会处理许多特殊情况,因此,如果教师在训练中只是片面地观察击球动作而不结合比赛的实际情况,那就是一个大错。帮助网球技术水平高的学生纠正错误时,教师应考虑学生的实际情况并与之相适应。

为了纠正学生的错误动作,教师应具备更丰富的知识,否则有些错误难以发现和纠正。纠正错误时,要结合战术、身体条件和心理机能予以考虑。学生有些技术上的失误可能根源于战术、体能或心理,或与之相反。教师要力求发现和注重起因,而不是单纯注重表象。

本章小结 —— 　　网球运动在中国的起步虽然很晚，但是发展迅速，这充分显示了它强有力的生命。随着网球运动项目的快速发展和中国网球竞技水平的国际化，参与网球运动的人也越来越多，尤其是在 2014 年我国选手李娜获得澳网冠军后，这种氛围更加浓厚。也正是由于各种网球教学培训与日俱增，所以国家对高水平教练员的需求也越来越大，对于一个老师或者教练来讲，掌握正确的网球运动教学是非常有必要的。

回顾与思考 —— 　　1.简述网球课程教学基本知识。

　　2.简述网球课程教学文件的制订。

　　3.简述网球课程教学的组织与实施。

　　4.简述网球技术错误动作纠正方法。

知识拓展 —— 　　**网球运动教学分析**

　　1.网球运动教学的理论与方法

　　网球运动教学理论认为，任何教学过程都是以认知活动作为核心的复杂信息交流系统，因此，必须依据一定的科学理论来组织实施。网球运动属于隔网对抗性项目，其教学过程较为复杂，社会学、生理学、心理学和运动技能等学科理论都对网球运动教学具有重大的指导性意义。

　　网球运动教学的主要方法有：语言法、直观法、练习法、比赛法、游戏法、完整法、分解法、预防法和纠错法等。

　　2.网球运动教学的市场经济效益

　　网球运动教学在中国越来越普及，同时也带来了一定的经济效益，例如网球赛事公司、网球俱乐部、网球培训班、赛事门票，网球裁判、网球教练、网球陪练、网球用品、网球场地的建设等。

　　3.网球运动教学的基本条件

　　网球运动教学的基本条件主要是体现在硬件设施上，例如网球场地、网球拍、网球、师资力量，当然，网球学习氛围也是很重要的。

一起读书吧!

1. 谢相和主编的《大学网球教程》第六章:根据动作技能的形成规律和网球运动的特点,网球技术的教学过程可以划分为三个阶段,每个阶段的任务以及相应的教学要求都有所不同,有必要去学习本章的网球运动教学的方法原则等。

2. 陶志翔主编的《网球运动教程》第四节:我们知道网球教学活动是一个有组织、有目的的教育过程,所以有必要去详细阅读这个章节,去学习怎样更好地制订教学文件。

第七章
网球比赛的赛程安排和规则

【学习目标】

学习本章主要目的是初步了解网球比赛的组织方法;认识网球比赛的赛前准备以及比赛中和比赛后的工作;了解网球比赛的编排方法;掌握网球比赛的规则要点。

【学习任务】

1.学习网球竞赛组织方法,掌握制订网球竞赛章程的方法。

2.了解网球比赛的赛前准备、比赛中和比赛后的工作,为掌握网球裁判打下良好的理论基础。

3.掌握网球比赛一般采用的编排方法,学会组织各类比赛。

4.掌握各项网球比赛的规则要点,能做到实裁网球比赛。

【学习地图】

网球运动竞赛的组织⇨网球竞赛方法和编排⇨网球竞赛规则。

网球运动竞赛的组织

一、制订竞赛规则

(一)竞赛名字

根据总任务确定名称,名称主要为了显示什么性质的比赛,哪一年或者哪一届的比赛。注意赛会期间的文件、会标、宣传材料等方面的名称要统一。

(二)竞赛目的

根据举行本次竞赛活动总的要求,简要说明此次竞赛的目的和任务。

(三)竞赛时间、地点和举办单位、承办单位

竞赛时间应该写清楚预赛、决赛开始和结束的年、月、日;举行比赛的地点和举办竞赛的单位(包括主办、协办以及承办单位)。

(四)举办竞赛项目和组别

举办比赛所设置的竞赛项目,单项比赛的规程写明各组别的各个竞赛小项目。

(五)参加单位和各单位参加人数

按照有关规定的顺序写明参加比赛的每个单位,以及各单位参加男、女运动员人数,领队、教练员以及工作人员人数。每名运动员可参加的项目,每项限报人数,以及参赛的其他有关规定。

(六)运动员资格

运动员资格是指参赛运动员的条件或标准,包括运动员年龄、健康状况、代表资格、运动等级、运动成绩、达标规定。

(七)竞赛办法

(1)确定比赛所采取的竞赛方法,如淘汰法、循环法、混合法及其他特殊的方法。比赛是否分阶段进行,各阶段采用的竞赛方法是否相同,各阶段比赛的成绩如何计算和衔接。

(2)具体的编排原则和方法。

(3)确定名次及计分办法。

(4)对运动员(队)违法规定的处理办法(如弃权等)。

(5)规定比赛使用的器材(如比赛用球的品牌等),运动员比赛服装等。

(6)竞赛规则。提出竞赛采用的规则和特殊的补充及竞赛规则以外的规定说明。

(八)录取名次及奖励办法

(1)规定竞赛录取的名次,奖励优胜者的名次及办法。例如,对优胜者(队)分别给予奖杯、奖旗、奖章及奖金等。

(2)设置体育道德风尚奖的奖励办法等。

(九)报名办法

规定各单位运动员(队)报名的人数、时间和截止报名的日期,书信报名的格式和投寄的地点,并应注明以寄出或寄到的邮戳日期为准,以及违反报名规定的处理办法。

(十)抽签日期和地点

明确具体的抽签日期。

(十一)裁判员的选派

(1)裁判员的选派应根据比赛的类型、大小等情况进行选调裁判。省内比赛,主要以省内裁判为主,如高校教师、高校网球专业获得网球裁判证书的学生。国内比赛,主要以国内的网球国家级和国家一级裁判为主,在国内举行的国际比赛,主要以国内的国家级和国际级为主,赛事不同,裁判的级别和数量也随之发生改变。

(2)设裁判长一名,全面负责裁判工作,执行比赛规程及有关规定。为确保比赛设施的完善,负责组织、管理裁判员赛前学习和比赛执法等各项工作。

(3)裁判员若干名。裁判员应秉公执法、严格执法,为双方创造一个公平的竞争环境,严格执行规程、规则和行为准则,不得偏袒任何一方,应精通业务,熟练的掌握临场操作规程。

(十二)其他

(1)有关未尽事宜的补充,如经费、交通、食宿条件等。

(2)注明规程解释权归属单位。

二、赛前的工作安排

(1)确定组委会名单。

(2)确定代表队名单。

(3)竞赛日程。

(4)场地示意图。

(5)开、闭幕式的策划和安排。

(6)资格审查。

(7)报名汇总。

(8)抽签、编排。

(9)印制秩序手册及有关表格。

(10)落实场地器材。

(11)裁判员学习、实习。

(12)召开有关会议。

(13)其他。

三、比赛期间的工作

(1)记录、公布比赛成绩。

(2)检查和管理场地器材与设施。

(3)遇到特殊情况需要更改比赛场地、日期、时间等,要及时通知各队或队员。

(4)合理安排裁判员,及时组织裁判员小结、改进工作,保证比赛顺利进行。

(5)仲裁负责受理申诉、控告等,保证比赛正常进行。

四、赛后

(1)及时将比赛成绩、名次交由裁判长宣布。

(2)召开竞赛委员会会议,听取工作汇报及意见,决定体育道德风尚奖的评选结果。

(3)组织发奖仪式,印发成绩册,安排办理各队及裁判员离会后的有关事宜。

(4)完成赛后总结并向领导部门汇报。

第二节 网球竞赛方法和编排

竞赛制度是确定参赛各队间如何进行比赛的方法,它能保证竞赛紧张而有序地进行。选择和确定竞赛方法应根据比赛的目的、任务、竞赛时间长短、参赛队的多少及场地设备等情况来确定。在国际上,网球比赛大多用单淘汰制;在国内,除全国团体锦标赛采用第一段分组循环、第二段单淘汰以外,其他比赛均采用单淘汰制。

一、淘汰制

该赛制为运动员在比赛中失败一次即被淘汰,也称之为单败淘汰赛。单败淘汰赛的场次相对较少,有利于在较短的时间内安排较多的选手进行比赛。在场地少、参赛人员多和时间紧的情况下通常采用这种竞赛方法。

(一)确定签表构成和抽签的席位

根据参赛的人数和照顾名单,以 2 的 N 次方确定比赛席位,如 4、8、16、32、64、128 个比赛席位。当参赛人员超过一定数量时,可根据需要设置正选赛和预选赛。

（二）轮次和比赛场次的计算

轮次通常是以 2 的 N 次方为依据,参赛人数接近或达到 2 的 N 次方时,N 即为轮次。比赛的场次是参赛的人数减 1。

（三）种子和轮空

在业余比赛中,通常可根据以往成绩、席表签位以及实际情况,每 4 或 8 个席位设置一个种子。种子在签表中的位置遵循一号种子在上半区的 1 号位,2 号种子在下半区的最后一位,3 号、4 号由抽签决定在 2/4 或者 3/4 区,并且上半区的种子落在分区的上方,下半区的种子落在分区的下方。5、6、7、8 号种子抽签决定在每个 1/8 分区,并避开 1~4 号种子占据的 4 个 1/8 区。

（四）轮空

出现轮空时,通常按照种子的大小优先享受轮空。

二、循环赛制

循环赛制是参赛的各运动员或者运动队在整个竞赛或同一小组中彼此都有相遇的机会,最后按运动员或运动队在全部比赛中胜负场数或得分多少,并按一定的计分方法合理确定名次。

三、混合制比赛方法

第一阶段先分成几个小组进行循环赛,然后第二阶段各组同交叉名次的运动员或运动队进行单淘汰赛决出全部名次。

第三节　网球竞赛规则要点

一、发球

（一）发球前的规定

发球运动员在开始发球动作前双脚应站在底线以后、中点和边线的假定延长线之内。发球运动员应用手将球抛向空中的任何方向,并在球触地前用网球拍将球击出。在球拍击到球（或没击到球）时,整个发球即被认为已经结束。只能使用一只手臂的运动员,可以用他的球拍做抛送。

（二）发球时的规定

发球员在发球过程中,双脚站在规定的区域内后,不能通过走动或者跑动改变原来的站位,发球后可以踏入场地内。

(三)发球的次序

在标准局发球时,发球员都应该从场地的右半区开始,得分或失分后,轮换到左半区发球。每局结束后交换发球,直到比赛结束。在遇到抢七时,第一分发球员从右半区开始,然后交换发球。两球一交换,从左半区开始。

(四)发球失误

(1)发球员违反了站在指定区域内、规定的发球次序或者脚误。

(2)发球员有击球动作但没接触到球。

(3)球触及发球员或发球员的同伴,或发球员及发球员同伴所穿戴、携带的物品。

(五)发球中的重发

(1)发出去的球触到球网、中心带或网带后落在有效发球区内。

(2)发出的球触到球网、中心带或网带后落地前,又触到了接球员或他所穿戴、携带的任何物品。

(3)发球时,无论球是否在有效区域内,接球运动员没有做好接球准备的。

二、通则

(一)交换场地

双方应在每盘的第1、3、5 等单数局结束后,以及每盘结束双方局数之和为单数时,交换场地。

(二)运动员失分

(1)发球员连续 2 次发球失误。

(2)活球状态下,在球第二次着地前,没能还击过网。

(3)在活球状态下的回击触到了对方场地界线以外的地面、固定物或其他物体。

(4)还击空中球失败。

(5)故意用球拍触球超过一次。

(6)截击的球触及固定物。

(7)在活球状态下,运动员、运动员球拍或其穿戴、携带的任何物品触及球网、网柱、单打支柱、网绳或钢丝绳、中心带或网带或者在任何时候触及对方场地的地面。

(8)抛拍击球,且击到球。

(9)在一分比赛进行中,故意、实质地改变球拍的形状。

(10)在双打中,回球时两位同队运动员都有触及球。

(三)压线球

落在线上的球都算界内球。

三、双打

（一）双打发球次序

每盘第一局开始时,由发球方决定由何人首发球,对方同样在第二局开始时,决定由何人首发球。第三局由第一局发球方的另外一球员发球。第四局由第二局发球方的另外一球员发球。以下各局均按此序发球。

（二）双打接发球次序

先接球的一方,应在第一局开始时决定何人先接发球,并在这盘单数局继续先接发。双方同样应在第二局开始时决定何人接发球,并在这盘双数局继续先接发球。他们的同伴应在每局中轮流接发球。

（三）双打还击

接发球后,双方应轮流由其中任何一名队员还击。如运动员在其同队队员击球后再以球拍触球,则判对方得分。

四、计分方法

（一）胜 1 局

一个标准的局的分数是以发球者的分数在前,宣报时如下:开始都是零分,0:0;第一分:15;第二分:30;第三分:40;第四分:一局结束。

（1）每胜 1 球得 1 分,先胜 4 分者胜 1 局。

（2）双方各得 3 分时为平分,平分后,净胜 2 分为胜 1 局。

（3）在抢七局中,比分使用"0""1""2""3"等普通数字。先获得 7 分并且净胜对手 2 分的运动员队赢得该"局"和该"盘"。否则,这一局必须继续进行,直到一方净胜 2 分为止。

（二）胜 1 盘

（1）一方先胜 6 局为胜 1 盘。双方各胜 5 局时,长盘制要求一方净胜 2 局为胜 1 盘;平局决胜制是在比分6:6时,在第 13 局采用抢的办法。

（2）一场比赛的盘数。一场比赛可采用 3 盘 2 胜制或 5 盘 3 胜制,业余比赛一般采用 1 盘 6 局无占先制。

本章小结 ——　　本章对网球运动的基本竞赛规则、编排、组织进行了详细介绍，共分为三节，每个章节内容都非常丰富、多样：对淘汰制、循环赛制、混合赛制比赛方法和编排进行了简单介绍，讲解了发球的规则、分析了导致运动员的失分的情况、双打的接发球顺序和比赛计分方法。

回顾与思考 ——　　1.如何制订一份网球竞赛规则？

　　2.网球竞赛有哪几种方法？

　　3.如何编排一场网球比赛？

　　4.网球竞赛失分有哪几条基本的准则？

知识拓展 ——　　**网球场上的基本礼仪**

　　1.“尊重网球场上的一切人和物”，这是打网球者最起码的行为准则。网球初学者可以通过下面一些小事来对照自己。

　　2.当你的球滚入邻场而邻场的球员正在练球之中,此时你若贸然入场捡球，显然是不礼貌也是很不安全的，可以等其结束击球后，再快步入场捡球或请其帮忙将球传出。

　　3.当球场有球员正在进行比赛时，其他人不可以进比赛场区捡球，并且也要尽量避免在球员视线范围内随意走动，否则不仅不礼貌，而且还会被认为是“意外阻碍”而影响比赛的正常进行。如果一定要穿越球场，可以先站在一边观看，等球成“死球”后再从场边快步通过。

　　4.练球时当你击球出界或还击下网，你的练习搭档也因此损失一次继续练球的机会，尽管你不是有意的，但也应该向对方示意“抱歉”。细心的朋友会发现“谢谢”和“抱歉”是网球场上使用最频繁的两个词。

　　5.准备发球时最好先看下对方是不是准备好了。如果连对手都不看一眼，会被对方认为是不尊重，也有可能导致“误击事件”的发生；如果是在正式比赛中可能会被判发球无效、重发球。

　　6.练球时应主动承担起为对方司线的责任，告诉对方他打过来的球是“In”“Out”或是压线好球。

　　7.进入网球场一般不允许穿硬底鞋、皮鞋、钉鞋等有损球场表面平整的鞋。

　　8.当球员与裁判之间发生分歧时，球员应尽量保持情绪上的稳定，如果有球印可以指出，没有的话要服从裁判。

　　9.观看比赛时应尽量避免携带能发出鸣叫的物品或者关掉声音。从球员开始准备发球到这一分的结束，观众在此过程中最好不要随意交谈、吃东西、叫好、喝彩、鼓掌，否则不仅不礼貌，还会影响比赛的顺利进行。

　　10.球员参加比赛时，在赛前练球热身过程中，应把对方视为与己同等的参与者，并有义务为对方的练习提供帮助，任何有意妨碍对方练习的做法都有失风度。

　　陶志翔主编的《网球运动教程》第七节"网球比赛的编排方法和网球比赛裁判法"。本节介绍了单淘汰制的抽签办法、轮空数的计算方法、种子选手的确定与排列等，内容详细具体，具有较强的针对性和实用性；还介绍了单循环制的编排方法，案例分析全面具体；介绍了裁判员的分工职责、司线员的分工职责、主裁判的职责，列举了裁判员、司线员、球童的位置图，为今后想从事网球裁判工作的网球爱好者提供了很好的理论依据。

参考文献

[1] 董杰. 网球教程[M]. 北京:高等教育出版社,2005.

[2] 唐小林. 网球运动教学与训练[M]. 北京:人民体育出版社,2009.

[3] 姜晓宏. 网球运动教程[M]. 沈阳:东北大学出版社,2013.

[4] 谢相和. 大学网球教程[M]. 成都:四川大学出版社,2013.

[5] 庞庆军,李银萍,齐立斌. 现代网球技术分类体系的初步构建[J]. 吉林体育学院学报,2008,24(4):51-52.

[6] 郑伟. 现代运动训练与竞技论[M]. 北京:中国科学技术出版社,2004.

[7] 钟镇新,朱静华. 网球实战技巧[M]. 北京:北京体育大学出版社,2003.

[8] 高徐,张向东,冉孟刚. 网球[M]. 北京:北京师范大学出版社,2013.

[9] 郭立亚,李桂林. 网球[M]. 重庆:西南师范大学出版社,2013.

[10] 刘学哲,张虎哲,吕超. 高校教学理论与技能训练研究[M]. 长春:吉林大学出版社,2012.

[11] 陶志翔. 网球运动教程[M]. 北京:北京体育大学出版社,2007.

[12] 田麦久,刘建和,胡亦海. 运动训练学[M]. 北京:人民体育出版社,2000.

[13] 全国体育院校教材委员会. 运动心理学[M]. 北京:人民体育出版社,1988.

[14] 普拉托诺夫·BH. 运动训练的理论与方法[M]. 陆绍中,等,译. 武汉:武汉体育学院出版社,1986.

[15] 何伟. 网球基础教学与训练[M]. 上海:上海交通大学出版社,2013.

[16] 乔拧,李先国,黄念新. 网球运动教程[M]. 南京:南京师范大学出版社,2005.